AF750031

DROIT DE LA SÉCURITÉ SOCIALE AU MALI

Daouda BA

DROIT DE LA SÉCURITÉ SOCIALE AU MALI

L'Harmattan
Mali

© **L'Harmattan Mali, 2025**
ACI2000 Bamako - Immeuble Jean-Marie CISSE
Bureau 10 - Tél. : +223 76 43 00 66 /+223 66 89 33 72
www.harmattanmali.com

Couverture et mise en page : Coco Joyce

ISBN : 978-2-336-54624-7
EAN : 9782336546247

PRINCIPALES ABREVIATIONS

AMO	Assurance Maladie Obligatoire
ANAM	Agence Nationale d'Assurance Médicale
AT/MP	Accident du Travail et Maladies Professionnelle
BIT	Bureau Internationale du Travail
Bull. CIV	Bulletin de la Cour de cassation, chambres civiles
CANAM	Caisse Nationale d'Assurance Maladie
Cass. Soc	Chambre Sociale
CIPRES	Conférence Interafricaine de la Prévoyance Sociale
CMSS	Caisse Malienne de Sécurité Sociale
CPS	Code de Prévoyance Sociale
CRA	Commission Recours Amiable
DCI	Dénomination Commune Internationale
INPS	Institut National de Prévoyance Sociale
OGD	Organisme Gestionnaire Délégué
OIT	Organisation Internationale du Travail
RAMED	Régime d'Assistance Médicale
RAMU	Régime d'Assurance Maladie Universelle

AVANT-PROPOS

Le droit de la sécurité sociale est un droit réputé certes complexe et en constante évolution tenant compte des évolutions de l'ensemble de la société.

Cet ouvrage traite des fondamentaux de ce droit, ne prétend pas à l'exhaustivité mais n'a d'ambition que d'apporter aux acteurs de ce droit que sont les organismes de sécurité sociale, les employeurs et les salariés, les organisations syndicales et d'employeurs mais également aux praticiens du droit et aux étudiants en droit les principes de base nécessaires à la compréhension de la sécurité sociale.

INTRODUCTION

I. Le champ d'application du droit de la sécurité sociale

1. En l'absence de définition légale de l'expression « sécurité sociale[1] », on peut considérer que la Sécurité sociale est à la fois un concept, c'est-à-dire une idée, et une institution, un système qui met en œuvre cette idée. Nous allons mettre l'accent sur (A.) le concept de sécurité sociale et (B.) l'institution de la Sécurité sociale.

A. Le concept de Sécurité sociale / la Sécurité sociale, une idée

1) L'imprécision de la notion de Sécurité sociale

2. L'expression « Sécurité sociale » ne fait l'objet d'aucune définition légale ni même constitutionnelle. Traditionnellement, on fait remonter l'origine de cette expression au Social Sécurity Act du 14 août 1935 intervenu aux USA dans le cadre de la politique du New Deal de F. Roosevelt. Si les textes internationaux (on pense ici à la Déclaration de l'OIT de 1944 adoptée lors de la Conférence internationale de Philadelphie ou à l'article 22 de la Déclaration Universelle des Droits de l'Homme du 10 décembre 1948 selon lequel *« toute personne, en tant que membre de la société, a droit à la Sécurité sociale »*) posent le principe d'un « droit à la sécurité sociale », rien n'est dit sur le sens à conférer à ces termes.

[1] Jean-Jacques Dupeyroux, *Œuvres Choisies de droit social*, « Quelques réflexions sur le droit à la sécurité sociale », Dalloz, mai 2023, p.24-58

3. Du même coup, **plusieurs conceptions sont possibles**. Deux à tout le tout moins.

On peut tout d'abord retenir une acception large de la sécurité sociale. La sécurité sociale recouvrirait alors toutes les politiques relatives au bien-être de chacun des membres de la société. Il s'agirait, en fait, de satisfaire tous les droits indispensables à la dignité et au libre épanouissement de la personnalité des individus. On est proche ici de la conception retenue par la DUDH de 1948. Cette conception extensive présente un avantage mais également un inconvénient.

L'avantage est qu'elle permet d'englober un large ensemble de mesures dans le concept de Sécurité sociale. On n'aurait plus besoin de distinguer les politiques qui relèvent de la sécurité sociale de celle qui relève de l'indemnisation du chômage ou celle relative à l'allocation logement, à la lutte contre l'exclusion.

L'inconvénient majeur de cette conception large réside dans son absence de limite. On pourrait intégrer dans la Sécurité sociale l'éducation nationale, les transports, les politiques économiques….

On peut aussi **retenir <u>une conception plus restreinte de la sécurité sociale</u>**. A ce moment-là, on s'intéresse à sa finalité, son but.

La sécurité sociale, c'est la garantie d'une sécurité économique pour l'individu. C'est d'ailleurs la position de X. Prétot et d'Y. Saint-Jours dans son traité de la sécurité sociale.

2) La garantie d'une sécurité économique

4. La définition de la notion de sécurité sociale par son but part d'un constat. Chaque individu est menacé au cours de son existence, au cours de sa vie, par des

évènements qui sont susceptibles de supprimer son revenu ou de réduire son niveau de vie. La sécurité sociale s'est donnée pour but de garantir les individus contre les aléas de l'existence humaine : maladie, accident du travail, invalidité…Il s'agit alors de repérer des événements qui ont des effets ou des conséquences sur le revenu professionnel de l'individu. On peut alors classer ces événements en fonction des conséquences qu'ils produisent sur le revenu.

Il existe des évènements qui réduisent voire qui font perdre le revenu professionnel : la maladie ou l'accident du travail par exemple empêchent plus moins longtemps l'individu de gagner sa vie. Le chômage également qui fait perdre l'emploi.

5. Il existe aussi des événements qui réduisent le niveau de vie de l'individu parce qu'ils entraînent des dépenses supplémentaires. On pense ici aux dépenses de soins ou la naissance d'un enfant qui appelle des dépenses d'entretien et d'éducation.
Avec cette conception restrictive, on peut dire que la Sécurité sociale se donne pour but de garantir la sécurité économique des individus.

Mais alors pourquoi l'appelle-t-on « sécurité sociale » et non pas sécurité économique ? Parce que la Sécurité sociale consiste en la prise en charge des risques sociaux. Dans ce cas distinctions fondamentales sont à faire :

On distingue ici **le besoin social du risque social**. Cela est important à retenir car fonde toutes les distinctions et constructions juridiques. On distingue également le risque pris en charge par l'assurance privée du risque social pris en charge par la Sécurité sociale.

1) D'abord la distinction entre le besoin et le risque social :

6. Le besoin suppose d'être prouvé. Être dans le besoin, c'est ne pas avoir les moyens d'assurer sa propre subsistance. C'est montrer que l'on ne peut se loger, se nourrir… Le besoin est généralement satisfait par une action volontaire de générosité, de charité. Il est pris en charge par ce qu'il convient d'appeler l'aide sociale qui a pour but d'assurer un minimum vital à tous. L'aide sociale est alors une aide facultative conditionné par les ressources de la personne à secourir et qui suppose donc de rapporter la preuve de l'indigence. C'est la logique de l'assistance dont le but est d'assurer un niveau minimal de protection à tous.

A la différence du besoin, **le risque participe de l'idée de garantie, d'assurance** contre les aléas immédiats de la vie. Le risque relève de la logique de l'assurance dont le but est **d'assurer une sécurité du revenu professionnel.**

7. Le risque est, en droit des assurances, un événement futur et incertain dont la réalisation ne dépend pas exclusivement de la volonté des assurés. Le risque est plus souvent un événement malheureux, maladie, décès mais il peut également être un événement heureux, la naissance d'une enfant est un événement heureux qui entraîne des charges familiales.

Mais alors quelle est la différence entre le risque pris en charge par le droit des assurances et les risques pris en charge par la sécurité sociale ?

2) On arrive à la seconde distinction entre risques assurantiel et risque social :

8. On a dit que la sécurité sociale consiste en la prise en charge des risques sociaux. La différence se ferait-elle par l'ajout du mot social en terme risque. Qu'est-ce qu'un risque social alors ?

Pour certains auteurs un risque est un risque social parce qu'il est inhérent à la vie en société. C'est la conception de **Paul Durand** qui définit le risque par sa cause. Cette définition conduirait à considérer que la sécurité sociale prend en charge tous les risques inhérents à la vie en société. On s'aperçoit que ce n'est pas le cas, le terrorisme, les accidents de la circulation ne le sont pas. Et dans ceux qui sont pris en charge il est difficile de considérer que la maladie ou la vieillesse sont causés par la vie en société.

9.Pour d'autres auteurs, le risque social désigne non pas l'événement inhérent à la vie en société mais les événements qui portent atteinte à la capacité de gain du travailleur, tel que la vieillesse, le chômage ou la maladie ou engendrent des charges pour lui. Ce sont en fait des événements qui portent atteinte à la sécurité économique du travailleur salarié et de sa famille et surtout qui sont reconnus comme devant légitimement faire l'objet d'une prise en compte et d'une réparation ou d'une rétribution.

Pour J.-J. Dupeyroux, par exemple, un risque est social lorsqu'il est pris en considération par un système de sécurité sociale., c'est-à-dire lorsqu'il obéit aux règles de prise en charge posées dans le système de sécurité sociale. En résumé, c'est par la liste des risques pris en charge par la Sécurité sociale que l'on peut dire ce que recouvre la notion de la Sécurité sociale.

Ainsi, si on a pu dire que la notion de sécurité sociale consiste en la garantie de la sécurité économique des individus par la reconnaissance de risques sociaux, on s'aperçoit que l'on a retenu **une définition fonctionnelle** de la notion de sécurité sociale.

On a défini un but, la sécurité économique et désigner un système : celui qui prend en charge des risques sociaux.

Reste alors pour compléter la définition de la sécurité sociale à rechercher le système de garantie de ces risques sociaux. Si la sécurité sociale est un concept, elle est surtout une **institution c'est-à-dire un système de mise en œuvre de cette idée**, un système qui a opté pour une technique originale de prise en charge de ces risques.

B. L'institution de la Sécurité sociale / la Sécurité sociale comme institution

10. Ce qui caractérise la sécurité sociale, en tant qu'institution, c'est qu'elle appelle une technique originale de prise en charge des risques. Les systèmes de sécurité sociale se caractérisent, en effet, par la mise en place d'une garantie collective qui est une « ***mutualisation des risques sans sélectivité*** », technique pour le moins originale par rapport aux techniques que l'on emploie classiquement. Nous allons donc traiter deux techniques à ce stade. La première (1) est consacrée aux techniques classiques de prise en charge des événements et la (2) seconde à la construction des assurances sociales pour saisir l'originalité de la technique adoptée par la sécurité sociale.

1) Les techniques classiques de prise en charge des événements

11. De tous temps, l'homme a ressenti le besoin de se prémunir, de se protéger contre des événements tels que la maladie, la vieillesse ou l'invalidité. Il existe pour cela différentes techniques que l'on peut classer de différentes façons. On peut distinguer des techniques *individuelles* dans lesquelles l'individu agit seul et les techniques *collectives* qui demandent l'intervention d'autrui, le plus souvent d'un organisme tiers. On peut aussi distinguer les techniques « ***internalisantes*** » qui sont intégrées au contrat de travail des techniques « ***externalisantes*** » qui obligent à recourir à l'intervention d'un tiers en dehors de la relation de travail. L'exemple est celui de la souscription d'un contrat d'assurance auprès d'une compagnie d'assurance.

Ce n'est pas de cette manière que nous avons choisi de vous les présenter car ces classifications ont toutes un intérêt. Elles doivent être utilisées à l'occasion de l'étude de chacune des techniques. Nous avons pu dénombrer 4 grandes techniques de protection contre des événements.

a) L'entraide familiale

12. La famille est le premier lieu de prise en charge de l'individu. L'entraide familiale présente alors l'avantage de ne rien coûter aux finances publiques, à l'Etat. Elle participe ainsi de l'idée qu'il existe une solidarité spontanée entre les membres d'une même famille.

Inconvénient : elle exige néanmoins que les individus aient une famille qui soit en outre capable de secourir. Elle suppose également que les liens familiaux ne soient pas distendus. Or, on sait aujourd'hui et nous ne vous apprendrons rien qu'il existe beaucoup de familles décomposées, voire recomposées, et donc il existe souvent des liens familiaux distendus. L'entraide familiale repose sur l'idée d'une générosité, d'une bienfaisance naturelle entre des personnes. Elle a d'ailleurs reçu une traduction juridique dans la loi et la jurisprudence **qui ont consacré l'obligation alimentaire** entre époux, descendants et ascendants.

Elle a cependant des limites de capacité financière, les charges pouvant être beaucoup plus lourdes que ce qu'une même famille peut supporter. Ex : frais de soins. L'Etat y a néanmoins souvent recours pour des raisons budgétaires encourageant à cette fin le maintien d'une protection sociale au sein de la famille.

b) La charité et la bienfaisance privée

13. Le devoir de charité, l'amour du prochain dans certaines religions, conduise des personnes riches à subvenir aux besoins d'une ou plusieurs personnes frappées par un risque social. L'aide privée peut ainsi être accordée directement aux individus ou par l'intermédiaire de dons à des réseaux d'aide financière ou matérielle. La charité est une technique de prise en charge des risques sociaux qui a traversé l'histoire puisqu'elle a été prônée par les mosquées, églises, les corporations et les métiers.

Elle s'exprime aujourd'hui par les associations humanitaires. Ces institutions d'aide sociale participent ainsi de la protection sociale des individus.

c) La responsabilité civile

14. Le système de responsabilité civile permet aussi de prendre en charge la réalisation de risques. Il permet, en effet, de **faire supporter la réparation d'un dommage à la personne qui a commis la faute ou crée le risque**. Les individus atteints par la réalisation de l'événement se voient octroyés des dommages et intérêts afin de remettre les choses en l'état.

Inconvénient : Cette technique qui permet de compenser le dommage subi n'est pourtant efficace que si les éléments constitutifs de la responsabilité sont remplis. Et dans certains cas, il faut prouver l'existence d'une faute ex : la faute du médecin qui a causé votre paralysie, il faut prouver l'existence d'un lien de causalité entre le dommage et le fait de la chose…Dans d'autres cas, le responsable peut être exonérer de sa responsabilité et donc de l'indemnisation du dommage s'il prouve une faute de la victime. Enfin, la responsabilité civile n'assure pas toujours la réparation effective du dommage, la victime pouvant être confrontée à une insolvabilité de l'auteur du dommage.

d) La prévoyance

15. La prévoyance peut prendre deux formes assez différentes.

Elle peut être tout d'abord individuelle : **il s'agit alors de l'épargne**. Pour se prémunir contre les incidences économiques des événements, l'individu peut songer à épargner. Il « met de côté » une fraction de son revenu de façon à pouvoir faire face ultérieurement à la maladie, à la vieillesse.... Cette technique qui consiste à renoncer à une consommation actuelle en cure d'une consommation future présente des avantages incontestables. Elle est volontaire et peut être encouragée par l'Etat comme un moteur de l'investissement productif. L'épargne produit des capitaux. Mais elle présente des inconvénients qui sont bien connus.

Le premier est que tout le monde ne peut pas épargner. Faut-il encore gagner suffisamment d'argent pour pouvoir en mettre de côté. L'épargne n'est donc couverte qu'à une certaine classe de personnes qui sont assez pour riches pour subvenir à l'ensemble de leurs besoins actuels.

Le second inconvénient est le risque d'inflation. L'épargne est largement conditionnée par la stabilité monétaire. En cas d'inflation, l'effort est vain.

La prévoyance peut également être **collective : dans** ce cas, il s'agit de diffuser la charge d'un risque sur les membres d'un groupe. C'est ce qu'on appelle la **mutualisation des risques**. Le calcul de la probabilité de la réalisation de ce risque (calcul actuariel) constitue alors l'instrument de **la prévoyance collective**. Il reste néanmoins à remarquer que la prévoyance collective peut prendre deux formes.

16. Ce peut être l'assurance : c'est l'acte de prévoyance qui est devenu objet de commerce, à but lucratif. L'assurance peut être définie comme l'opération par laquelle une partie, l'assuré, se fait promettre, moyennant rémunération, la prime, à son profit ou au profit d'un tiers en cas de réalisation d'un risque, une prestation (pécuniaire) par l'autre partie, l'assureur qui lui les compense conformément aux lois de la statistique. L'assurer collecte les primes des assurés, redistribue à ces derniers des indemnités en conservant un bénéfice. Le contrat d'assurance est un contrat commercial. Cette technique présente par rapport aux autres techniques un grand progrès. L'intéressé n'a pas à épargner des sommes considérables ni à faire appel à la charité ou à la générosité de son prochain. Le mécanisme de couverture est automatique et uniquement subordonné à la réalisation de l'événement.

La caractéristique majeure de cette technique est l'existence d'un lien direct entre le prix demandé à l'assuré, la prime, et l'importance de son risque propre ou du risque du groupe auquel il appartient. La prime est donc d'autant plus élevée que l'évènement est probable et la couverture plus étendue.

17. Cette technique présente deux inconvénients majeurs : le risque n'est assurable que s'il est non réalisé et fortuit. Il existe donc des risques qui ne sont pas assurables, tels que les charges familiales. Il faut également que l'on soit face à des événements statistiquement prévisibles sur le plan global. Les calamités agricoles ou assurances chômage sont difficilement à aménager car les prévisions statistiques ne sont pas suffisamment précises. Mais surtout, les personnes qui sont en mauvaise condition physique et qui désireraient s'assurer contre le risque maladie devront verser des primes très lourdes. Autrement dit, préserver sa sécurité économique est d'autant plus coûteux que celle-ci est menacée.

18. La mutualité : il s'agit également de diffuser la charge d'un risque sur un groupe mais la grande différence entre l'assurance et la mutualité se situe sur le terrain de la commercialité. La mutuelle n'a pas un caractère commercial. Ici, ce sont des mutualistes eux-mêmes qui se regroupent pour recueillir les cotisations et verser les indemnités. Ils suppriment en fait l'assureur et l'idée de bénéfice. Le principe est celui du « revenu-risque ». Il n'y a pas de lien direct entre la cotisation qui est demandée (assise sur le revenu, sur le salaire) et l'importance du risque.

Si cette technique est moins onéreuse que l'assurance, son importance est néanmoins limitée car le groupe de membres de la mutuelle est constitué sur une base homogène, c'est-à-dire sur des personnes qui présentent des risques identiques ou similaires. Lié au mouvement ouvrier et aux métiers, la mutualité trouve en fait son origine dans les caisses de secours mutuel qui étaient des caisses ouvrières de prévoyance en fonction des métiers des ouvriers.

Ainsi, pour venir aux groupes sociaux les plus vulnérables, les gouvernements se sont, pendant un temps, bornés à utiliser ces techniques mais elles sont très vite apparues inadaptées pour répondre au souci de l'Etat de garantir collectivement les individus contre les incidences économiques et sociales de la réalisation des risques sociaux. Les premières législations de protection sociale ont donc ainsi aménagé des techniques dérivées des techniques classiques puis au fur et à mesure les droits positifs ont tenté de rompre le lien qui les rattacher aux techniques classiques. Des procédures spécifiques sont apparues et c'est ce que l'on appelle aujourd'hui la sécurité sociale.

2) Les techniques propres de sécurité sociale

19. Les deux techniques de prise en charge des risques sociaux qui caractérisent les systèmes de sécurité sociale sont celles issues de l'Allemagne et de l'Angleterre. La première est l'assurance collective obligatoire préconisée par le chancelier allemand Bismarck.

La seconde est l'assistance collective obligatoire développée par un économiste anglais, Lord Beveridge. Les progrès qui vont en résulter expliquent le succès de ces deux formules qui ont été reprises dans certains pays d'Europe. Elles vont en effet toutes les deux permettre de garantir une couverture sociale satisfaisante du plus grand nombre. **Le point commun de ces deux dispositifs va être leur caractère collectif et surtout obligatoire** afin d'augmenter la masse des contributions et de garantir des prestations au plus grand nombre.

a) Le système d'assurance collective obligatoire : système dit « bismarckien »

20. C'est en **Allemagne** que l'on a vu naître pour la première fois la technique des assurances sociales. L'invention de cette technique est due au Chancelier allemand Bismarck qui voulait certes **porter un remède à la misère ouvrière** mais surtout **unifier politiquement** le pays en intégrant toutes les forces politiques. Comme les ouvriers étaient des socialistes, il fallait obtenir leur adhésion à son programme en construisant une politique de réformes sociales. On trouve ainsi **deux causes** à cette réforme : l'une est économique, l'autre politique. Ainsi Bismarck développera ses projets de réforme dans un très célèbre message au Reichstag en date du 17 novembre 1881. **Ce projet va conduire à l'adoption de trois lois** au profit des ouvriers, une loi sur l'assurance maladie (1883), une loi sur les accidents du travail (1884) et une loi sur l'assurance invalidité et vieillesse (1889). **En 1911, on va les réunir dans un Code des assurances sociales**.

Quel est le contenu de la réforme ? L'idée est de créer un droit de l'assurance sociale inspiré de la technique de l'assurance mais également d'aménager cette technique pour assurer une réelle protection des faibles et des miséreux. **Plusieurs caractéristiques de cette assurance : au nombre de 4**

1) Les **bénéficiaires de cette assurance** sont les ouvriers de l'industrie donc les salaires sont inférieurs à un certain chiffre. Il s'agit d'améliorer la condition sociale des plus déshérités, du prolétariat urbain, de ceux qui sont les moins aptes à recourir à d'autres techniques de protection, que l'on pense à l'épargne ou à la prévoyance collective…Les assurances sociales se proposent ainsi d'octroyer **une prestation** destinée à compenser la perte du salaire en cas de réalisation d'un risque.

2) Au lieu d'être facultative, **l'assurance sociale créée par Bismarck va être obligatoire** pour les ouvriers et les employés dont les revenus annuels ne dépassent pas un certain plafond. **L'affiliation est ainsi obligatoire**.

3) **Le financement est assuré par des cotisations assises sur le salaire. Elles sont réparties entre l'employeur et les salariés**. Mais au lieu de rendre la contribution proportionnelle au risque encouru, ce programme prévoit **que les cotisations sont proportionnelles aux salaires des affiliés**. On écarte ici toute idée de vulnérabilité personnelle. Pas de sélectivité en fonction du risque personnel encouru.

4) La **gestion de l'assurance sociale est le fait des assurés et des employeurs eux-mêmes**. En cela elles s'inspirent des mutuelles déjà à l'œuvre. Au lieu d'être lucrative comme l'assurance privée, les institutions d'assurance sociale ne le sont pas.

Conclusion : On s'aperçoit ainsi que le système allemand **est plus qu'une assurance, c'est une assurance sociale** qui s'impose parce qu'elle a **une finalité sociale :** aider la partie la plus défavorisée de la classe salariale :

suppose un esprit solidaire entre les différents affiliés à l'assurance sociale qui est à la base d'une redistribution entre les individus. C'est une solidarité de redistribution.

Le système allemand constitue **ainsi une adaptation de la technique de l'assurance privée à la protection des ouvriers et employés**. Elle restera un modèle qui inspirera les Gouvernements des autres pays lorsqu'ils ont eu à construire un système de protection sociale (cf. Luxembourg, Pays-Bas, Autriche, Norvège, Suède, Italie, Belgique).

b) **Le système d'assistance collective obligatoire : système dit « beveridigien »**[2]

21. Le promoteur de ce système est **un haut fonctionnaire économiste anglais, William Lord Beveridge**. Il est l'auteur d'un rapport rédigé en 1942 à la demande du Gouvernement anglais pour tenter de résoudre les problèmes posés par l'assurance britannique. En effet, le gouvernement Churchill **va le charger de présider une commission avec pour objectif d'analyser le système britannique d'assurances sociales et de faire des recommandations pour l'améliorer**.

Beveridge commence alors par dresser une liste des insuffisances du système anglais et propose alors un plan de lutte contre la pauvreté. Beveridge nous livre ici la première analyse d'ensemble de l'indigence.

22. L'idée de départ est simple : refuser d'admettre que la pauvreté est un problème insoluble. Il va donc chercher à aménager des techniques pour mettre fin à ce qu'il

---

[2] Sir William Beveridge, *Du Travail pour tous dans une société libre (full Employment in a Free Society),* traduit de l'Angalis par Henry Laufenburger et Jean Domarchi, édition, Domat-Montchrestien, 4e trimestre 1945, 459 p.

appelle le scandale des sociétés modernes **: la pauvreté**.

Beveridge procède ainsi à l'analyse critique du système crée en 1911 : (Insurance Act). La multiplicité des régimes, les inégalités de traitements et le fait que ce système ne concernait que les salariés le choque. L'organisation est trop complexe, les responsabilités sont trop dispersées.

L'idée de Beveridge est alors « ***d'abolir l'état de besoin des individus en assurant à tout citoyen un revenu suffisant à tout moment pour satisfaire ses charges*** ». Beveridge identifie alors **5 grands maux** : « *la misère ; la maladie, l'ignorance, la misère noire et l'oisiveté* ».

En partant des besoins et de l'idée de subsistance, Beveridge met au centre de son plan **l'organisation d'une redistribution des revenus qui repose sur le plein emploi dont l'objet est d'assurer l'équilibre financier du système de protection sociale.**

C'est donc une **coopération entre l'Etat et l'individu qui nous est proposée, l'Etat devant assurer une protection minimale à tous, à tous les citoyens.** L'idée c'est de garantir à chacun dans des conditions convenables sa subsistance mais pas plus, chacun devant pourvoir à sa protection complémentaire volontaire.

23. La technique utilisée est alors l'assurance nationale qui en échange de cotisations forfaitaires garantirait des prestations elles-mêmes forfaitaires de base. Ex type : à 65 ans, tous les britanniques assurés auront automatiquement droit à la même pension forfaitaire et non à une pension proportionnelle. **C'est donc un minimum vital qui est garanti**.

Ce plan repose sur trois principes que l'on appelle en doctrine les « 3 U »

Universalité : l'assurance sociale est un système qui doit couvrir tous les citoyens sans limite de ressources et sans plafond. Les individus versent une contribution unique qui est complétée par une contribution de l'employeur et une participation de l'Etat. On a une approche contributive.

Unité : le système repose sur une réforme administrative et la création d'un service public unifié sous l'autorité du ministère de la sécurité sociale.

Uniformité : il s'agit de reconnaître une égalité de droits et d'obligations aux personnes face à la sécurité sociale. Les prestations versées sont identiques, forfaitaires en cas de perte de revenu. Elles n'ont pas de rapport avec les revenus antérieurs. L'objectif est en effet de lutter contre le besoin.

Beveridge pose une condition pour la réalisation de son plan : le plein-emploi et la conduite d'une politique de santé avec la création d'un service national de santé financé par l'impôt qui assurera gratuitement des soins médicaux à toute la population.

24. Conclusion sur influence de Beveridge : apparition au Royaume Uni d'un régime universel avec création d'une assurance nationale. L'influence de Beveridge est immense mais on voit naître peu à peu des contestations. **Les prestations forfaitaires apparaissent dérisoires pour ceux qui ont des hauts revenus professionnels**. Beveridge les renvoie à l'assurance privée présentant finalement son système comme un plancher. D'un autre côté, l'idée de gaspillage de verser à tous les mêmes prestations alors que certains en ont beaucoup plus besoin que d'autres. **Reste malgré tout une idée forte**

issue du Rapport Beveridge : celle d'un droit à la sécurité sociale qui sera ensuite reprise dans l'article 22 de la DUDH. **Conception universaliste** de la sécurité sociale qui doit pouvoir profiter à toute personne en tant que telle parce qu'elle est membre de la société.

II. Les sources du droit de la sécurité sociale

A. Les sources internationales

25. L'expression sécurité sociale utilisée ici s'inspire de la convention de l'OIT n°102, adoptée en 1952, concernant la sécurité sociale (norme minimale). Elle englobe les neuf branches de la sécurité sociale : soins médicaux et indemnité de maladie, prestations de chômage, de vieillesse, d'invalidité et de survivants, indemnités en cas de lésions d'origine professionnelle, allocations familiales et prestations de maternité.

Le statut de norme actuelle de la convention n° 102[3] a été confirmé en 2001 par une décision du Conseil d'administration du BIT et, en 2011, la Conférence internationale du Travail l'a qualifiée de point de repère et de référence pour le développement progressif d'une couverture complète de sécurité sociale au niveau national.

Le Mali n'a pas encore ratifié la convention N°102 mais s'en inspire dans le cadre de la mise en œuvre de son système de sécurité sociale.

26. La Déclaration Universelle des Droits de l'Homme du 10 décembre 1948 consacre également le droit à la sécurité sociale à travers son article 22 : « *Toute personne, en tant que membre de la société, a droit à la*

---

[3] https://www.ilo.org/secsoc/areas-of-work/legal-advice/WCMS_206115/lang--fr/index.htm

sécurité sociale ; elle est fondée à obtenir la satisfaction des droits économiques, sociaux et culturels indispensables à sa dignité et au libre développement de sa personnalité, grâce à l'effort national et à la coopération internationale, compte tenu de l'organisation et des ressources de chaque pays ».

En outre, l'article 25 stipule également : « *1. Toute personne a droit à un niveau de vie suffisant pour assurer sa santé, son bien-être et ceux de sa famille, notamment pour l'alimentation, l'habillement, le logement, les soins médicaux ainsi que pour les services sociaux nécessaires ; elle a droit à la sécurité en cas de chômage, de maladie, d'invalidité, de veuvage, de vieillesse ou dans les autres cas de perte de ses moyens de subsistance par suite de circonstances indépendantes de sa volonté.*

2. La maternité et l'enfance ont droit à une aide et à une assistance spéciale. Tous les enfants, qu'ils soient nés dans le mariage ou hors mariage, jouissent de la même protection sociale ».

Le Mali a souscrit à cette Déclaration dans le préambule de toutes ses constitutions y compris celle consacrant la IVe République.

B. Les sources étatiques

27. La constitution du Mali en vigueur celle du 22 juillet 2023 ayant institué la 4ème République consacre la protection sociale comme un droit à valeur constitutionnelle à travers son article 10.

La Loi n°99-041 du 12 août 1999 portant Code de prévoyance sociale dispose dans son article 1er que « *Le présent Code comprend les régimes suivants :*

- *un régime de Prestations Familiales ;*

- *un régime de Réparation et de Prévention des Accidents du Travail et des Maladies Professionnelles ;*
- *un régime d'Assurance Vieillesse, Invalidité et Décès ;*
- *un régime de Protection contre la Maladie* ».

Le Code de Prévoyance Sociale s'applique aux travailleurs tels qu'ils sont définis à l'article L1 du Code du Travail.

La Loi n° 02-053 du 16 décembre 2002 Portant statut général des fonctionnaires dispose également que : « *Une loi détermine le régime de sécurité sociale applicable aux fonctionnaires en vue de couvrir notamment les risques de maladie, d'accident de travail, de maternité et de décès* ».

Un régime d'Assurance Maladie Obligatoire (AMO) a été mis en place par la loi n° 09-015 du 26 octobre 2009.

La Loi n°10-029 du 10 juillet 2010 instituant la Caisse Malienne de Sécurité Sociale (CMSS) précise dans son article 2 que la Caisse Malienne de Sécurité Sociale a pour mission la gestion des régimes de pensions des fonctionnaires, des militaires, des députés et de tout autre régime ou branche que l'État lui confie.

C. Les sources conventionnelles

28. Elles reposent sur les conventions collectives applicables au sein de l'entreprise.

Au Mali, certaines conventions collectives comme celles des Sociétés et Entreprises Minières, Géologiques et Hydrogéologiques - Des Transports Routiers – Des Banques, Etablissements Financiers et Assurances – Des Travailleurs de Transit et Commissionnaires Agrées en Douane font référence à la protection sociale complémentaire. En effet, la protection sociale complémentaire instituée par les conventions collectives est un mécanisme d'assurance facultatif permettant aux salariés ou fonctionnaires de faire face aux conséquences financières des risques prévoyances ou santé. Elle intervient en cas de maladie, accident, maternité et complète la couverture apportée par les organismes de sécurité sociale.

D. La jurisprudence

29. Le lexique des termes juridiques[4] définit la jurisprudence comme la science du droit dans son sens ancien.

Au sens large, c'est l'ensemble des décisions de justice rendues pendant une certaine période dans un domaine du droit ou dans l'ensemble du droit.

Au sens strict, ce sont les propositions contenues dans les décisions rendues par les juridictions de rang supérieur, et présentant l'apparence d'une norme, en raison de leur formulation générale et abstraite.

Vu sous cet angle, il nous semble difficile de trouver la jurisprudence au Mali en matière de sécurité sociale.

---

[4] Lexique des Termes Juridiques, 2019-2020, Edition Dalloz, p.634

TITRE I.
LE REGIME MALIEN DE SECURITE SOCIALE

Chapitre 1 :
Les branches couvertes par le régime malien

Section 1 : La maladie-maternité

Paragraphe 1 : L'assurance maladie obligatoire (AMO)

30. La loi N°09-05 du 26 juin 2009 a institué au Mali un régime d'Assurance Maladie Obligatoire en abrégé AMO.

Elle vise à permettre la couverture des frais de soin de santé inhérents à la maladie et à la maternité des assurés et des membres de leur famille.

Aux termes de cette loi, l'assurance maladie s'entend comme l'ensemble des dispositions qui permettent de couvrir, par une mise en commun des risques et des ressources, les frais des soins de santé et de maternité.

Au nombre des principes ayant justifié l'institution de l'AMO, l'article 4 de la loi précitée précise que l'Assurance Maladie Obligatoire est fondée sur les principes de la solidarité, de la contribution, de la mutualisation des risques et du tiers payant.

Il faut rappeler que « ***le système de tiers payant*** » est un mécanisme de facilité de paiement dans lequel l'assurance maladie paye directement au prestataire de soins de santé les frais de soins du bénéficiaire à l'exclusion du ticket modérateur.

Aux termes de l'article 3 de la loi N°09-05 du 26 juin 2009 ayant institué l'AMO, le Ticket modérateur est la partie des frais de soins de santé qui reste à la charge de l'assuré et qui n'est pas couverte par le régime d'assurance maladie.

Le deuxième grand principe qui a justifié l'institution de l'AMO réside dans l'absence de toute discrimination liée notamment à l'âge, au sexe, à la nature de l'activité, au niveau et à la nature du revenu, aux antécédents pathologiques ou aux zones de résidence des personnes assurés et les bénéficiaires.

31. Le champ d'application de l'AMO est extrêmement large et concerne :

- les fonctionnaires civils de l'Etat et des collectivités territoriales, les militaires et les députés ;

- les travailleurs au sens du Code du travail ;

- les titulaires de pensions des secteurs public et privé, les titulaires de pensions parlementaires et les titulaires de pension militaire ;

- les employeurs des secteurs public et privé.

Par ailleurs, les organismes gérant les régimes publics de pensions sont assimilés aux employeurs assujettis à l'Assurance Maladie Obligatoire.

Enfin, la loi N°09-05 du 26 juin 2009 ayant institué l'AMO offre la possibilité aux personnes affiliées au régime d'assurance volontaire de l'Institut National de Prévoyance Sociale (INPS) d'adhérer à l'AMO en application de l'article 6 de cette loi.

A. Les bénéficiaires du régime de l'AMO

32. Sont considérés comme bénéficiaire de l'AMO, les personnes physiques assujetties (assurés) et les membres de leurs familles en charges (Article 7 de la loi N°09-05 du 26 juin 2009 ayant institué l'AMO).

Les membres de la famille à la charge de l'assuré sont :

- le (s) conjoint (es) ;

- les enfants et les ascendants directs.

En outre, la loi N°09-05 du 26 juin 2009 ayant institué l'AMO définit une liste des enfants à charge pour l'assuré comme suit :

- les enfants issus du mariage de l'assuré ;

- les enfants de l'assuré nés antérieurement au mariage ;

- les enfants que la femme de l'assuré a eus d'un précédent mariage lorsqu'il y a eu décès régulièrement déclaré à l'état civil ou divorce judiciairement prononcé ; toutefois dans ce dernier cas les enfants n'ouvrent pas droit aux prestations lorsqu'ils sont restés à la charge du premier mari ou que celui-ci contribue à leur entretien ;

- les enfants ayant fait l'objet d'une adoption par l'assuré ou d'une légitimation adoptive conformément aux dispositions du Code de la Parenté ;

- les enfants légalement reconnus par l'assuré.

Les ascendants directs à charge sont les père et mère de l'assuré à condition que ceux-ci soient économiquement dépendants de l'assuré et ne bénéficient pas à titre personnel du régime d'Assurance Maladie Obligatoire.

Ce critère de prise en charge « *économiquement dépendants de l'assuré* » est flou soit les ascendants de l'assuré sont pris en charge sans critères comme ses enfants, soit il convient de définir un critère bien défini pour les ascendants.

Le risque réside dans l'effondrement du système car les cotisations ne pourraient pas couvrir les dépenses de l'AMO compte tenu du nombre du nombre des assurés.

B. Les prestations garanties de l'AMO

33. L'article 10 de la loi instituant l'AMO précise qu'elle donne droit à la prise en charge directe des frais de soins curatifs, préventifs et de réhabilitation médicalement requise par l'état de santé pour la maternité des bénéficiaires.

Deux catégories de prises en charges sont prévues par la loi :

a. **Les risques faibles :** les consultations générales ou spéciales, les médicaments, les analyses de laboratoire et d'imagerie médicales, les soins médicaux et les soins dentaires sans prothèse.

b. **Les gros risques** : les hospitalisations simples, les hospitalisations avec intervention chirurgicale.

34. Le décret N°10-580/PR-M du 26 octobre 2010 fixant les principes de la tarification préférentielle et les taux de couverture des prestations de soins de santé de l'AMO et de l'Assistance médicale a déterminé les conditions et modalités de prise en charge directe des frais de soins de santé.

Les frais occasionnés par l'octroi de soins de santé ou de maternité à un assuré ou à l'un de ses ayants droit sont couverts par :

1. l'assuré, sous forme d'une participation personnelle désignée par le terme ***« ticket modérateur »*** pour le régime d'Assurance Maladie Obligatoire ;

2. la caisse nationale d'assurance maladie et les organismes gestionnaires délégués (OGD), sous forme d'une assistance médicale ou d'une prise en charge partielle ou totale désignée par le terme « ***tiers-payant*** »

35. En application de l'article 58 du décret N°09-552/P-RM du 12 octobre 2009 fixant les modalités d'application de la loi portant institution du régime d'Assurance Maladie Obligatoire, le taux du ticket modérateur est établi. En effet, aux termes de cet article 58, le taux du ticket modérateur à la charge de l'assuré est égal à un pourcentage des frais de santé consécutifs à :

- des soins ambulatoires ;
- des hospitalisations ;
- des dépenses pharmaceutiques ;
- des prestations de maternité ;
- des évacuations sanitaires à l'intérieur du territoire national.

Les taux du ticket modérateur pour l'ambulatoire et les hospitalisations sont respectivement de 30% et 20%. Le ticket modérateur est proportionnel aux tarifs servant de base au calcul des prestations.

L'assuré doit s'acquitter du ticket modérateur pour tous les soins ambulatoires, les hospitalisations, les dépenses pharmaceutiques. Il est payable directement auprès du prestataire de santé.

C. Le droit aux prestations de l'AMO – conditions d'ouverture- de maintien – de suspension et de fermeture

36. L'AMO est un droit conditionné, c'est-à-dire que l'ouverture du droit est subordonnée au paiement préalable des cotisations (Article 35 de la loi N°09-05 du 26 juin 2009 ayant institué l'AMO).

L'organisme de gestion suspend le service des prestations lorsque ce paiement n'a pas effectivement eu lieu.

Une période de stage préalable de six (6) mois consécutifs à l'ouverture du droit aux prestations est obligatoire. Il en résulte donc que l'organisme de gestion est non seulement :

- tenu de vérifier et contrôler l'admissibilité des personnes assujetties ;

- mais également de valider en permanence l'ouverture et la fermeture du droit aux prestations de l'AMO.

Ainsi, en application des dispositions combinées des articles 38 et 39 de la loi N°09-05 du 26 juin 2009 ayant institué l'AMO, le droit aux prestations de l'AMO est maintenu pour l'assuré et ses ayants droit, pendant :

- Six (6) mois maximum à compter de la date à laquelle les conditions ne sont plus remplies,

- Un (1) an aux ayants droit d'un assuré décédé qui ne bénéficient d'aucune pension de survivant.

D. Le panier de soins de l'AMO

Les soins ambulatoires

37. Le décret N°09-552/P-RM du 12 octobre 2009 fixant les modalités d'application de la loi portant institution du régime d'Assurance Maladie Obligatoire consacre ses articles 28 à 33 aux soins ambulatoires.

Les soins ambulatoires sont des soins qui sont prodigués aux assurés en dehors d'une période d'hospitalisation.

En effet, l'article 28 du décret précité précise que les soins ambulatoires sont tous les soins requis par l'état de santé d'un malade non hospitalisé, qu'il s'agisse de :

- consultation médicale,
- soins infirmiers,
- soins dentaires,
- imagerie médicale,
- petite chirurgie ou de
- toute autre prestation à caractère médical ou paramédical.

Le taux de prise en charge par l'assurance maladie de l'ensemble des frais liés aux soins ambulatoires est de 70%.

La prise en charge des frais au titre des soins ambulatoires ne sont couverts que lorsque l'assuré fait le traitement dans un établissement conventionné.

38. En effet, le conventionnement signifie que les relations de l'Assurance Maladie et ses prestataires sont régies par des conventions.

Les relations entre l'organisme de gestion et les prestataires de soins de santé publics, privés ou communautaires sont régies par des conventions qui sont conclues entre l'organisme de gestion et les représentants de ces prestataires (Article 21 de la loi N°09-05 du 26 juin 2009 ayant institué l'AMO).

Aux termes de l'article 23 la loi N°09-05 du 26 juin 2009 ayant institué l'AMO, les conventions fixent :

- les obligations des parties contractantes ;
- les tarifs de référence des prestations de soins ;
- les outils de maîtrise des dépenses de santé ;
- les outils de garantie de la qualité des services ;
- les procédures et les modes de paiement des prestataires de soins ;
- les mécanismes de résolution des litiges.

Les délais et les modalités de conclusion des conventions sont fixés par décret pris en Conseil des Ministres.

Les conventions doivent être, préalablement à leur application, approuvées par le Ministre en charge de la Protection Sociale.

E. Les médicaments

39. Le chapitre III du décret N°09-552/P-RM du 12 octobre 2009 fixant les modalités d'application de la loi portant institution du régime d'Assurance Maladie Obligatoire traite les produits pharmaceutiques à travers ses articles 44 à 46.

Les médicaments pris en charge par l'AMO sont inscrits dans une liste de médicaments admis à la prise en charge et établie par dénomination commune internationale (DCI) et classe thérapeutique avec la présentation et la forme.

Cette liste de médicaments de l'AMO admis à la prise en charge est fixée par arrêté conjoint du ministre chargé de la Santé et du ministre chargé de la Protection Sociale.

Il en découle donc que la prise en charge de tous les médicaments ne figurant pas sur cette liste donc les médicaments de spécialité pharmaceutique s'effectue sur la base du prix public du médicament générique de la spécialité de référence lorsque ce dernier existe.

L'article 46 du décret précité indique que si une molécule ne figure pas dans la liste des médicaments admis à la prise en charge de l'AMO est incluse dans un protocole validé dans le cadre d'un consensus thérapeutique faisant partie de la convention nationale, la prise en charge s'effectue sur la base du prix public de ladite molécule.

En application des dispositions de l'article 60 du décret, l'assuré s'acquitte du ticket modérateur pour les dépenses pharmaceutiques.

F. Les Hospitalisations

40. Le chapitre II du décret N°09-552/P-RM du 12 octobre 2009 fixant les modalités d'application de la loi portant institution du régime d'Assurance Maladie Obligatoire est consacré aux hospitalisations.

Dix articles de ce décret y sont consacrés (articles 34 à 43). Ces articles traitent notamment les frais d'hôtellerie hospitalière, les frais de transport du malade, le taux de prise en charge…

De manière plus spécifique, l'article 34 met l'accent sur la nature des frais qui sont pris en charge par l'AMO et le taux de prise en charge. Ces frais comprennent :

- les frais d'hôtellerie hospitalière à l'exclusion de toute dépense à caractère personnel ;

- les frais correspondants aux actes médicaux, chirurgicaux et médico-techniques nécessités par l'état du malade hospitalisé ainsi que toute autre prestation à caractère médical ou paramédical ;

- les frais occasionnés par le transport du malade vers la formation, où il doit être hospitalisé, ainsi que les frais correspondants à son retour à sa résidence habituelle en cas d'évacuation sanitaire à l'intérieur du territoire national décidée par un établissement sanitaire conventionné.

Le taux de prise en charge par l'assurance maladie de l'ensemble des frais liés aux hospitalisations est de 80%. Il faut noter que cette prise en charge n'est effectuée que si seulement si que l'hospitalisation a eu lieu dans une formation sanitaire conventionnée.

41. En application de l'article 40 du décret cité, ci-dessus, la prise en charge des frais de la formation sanitaire est consécutive à l'envoi d'une « Fiche d'hospitalisation » qui mentionne impérativement les informations suivantes :

- le nom de l'établissement sanitaire concerné ;
- le nom, le prénom du bénéficiaire ;
- le numéro d'identification de l'assuré ;
- la date d'entrée dans la formation sanitaire ;

- l'affection ;

- la date de sortie.

La prise en charge des frais médicaux de l'assuré est établie conformément à la fiche d'hospitalisation par l'organisme de gestion.

Les médecins contrôleurs de l'organisme de gestion déposent la prise en charge contre émargement d'une fiche de contrôle.

Ainsi, la prise en charge est retournée à l'organisme de gestion accompagnée de la facture d'hospitalisation ainsi que les pièces justifiant les frais engagés à ce titre.

Le paiement du montant des frais d'hospitalisation de l'assuré ou de se ayants droit hors ticket modérateur est directement assuré aux formations sanitaires par l'organisme de gestion.

Paragraphe 2 : La maternité

42. L'article 42 du décret N°09-552/P-RM du 12 octobre 2009 fixant les modalités d'application de la loi portant institution du régime d'Assurance Maladie Obligatoire indique en substance que les prestations de maternité de l'AMO comprennent les frais :

- médicaux,
- pharmaceutiques,
- d'hospitalisation relatifs à la grossesse, à l'accouchement et à ses suites.

A. Les obligations déclaratives de l'assurée

43. Pour pouvoir bénéficier des prestions de l'AMO au titre de la maternité, la grossesse médicalement constatée d'une assurée ou conjointe d'un assuré doit être déclarée à l'organisme de gestion cours du 3ème mois.

En conséquence, le droit à la prise en charge des prestations de maternité est ouvert à compter de la déclaration de grossesse jusqu'à la huitième semaine après l'accouchement.

B. Les prestations de maternité de l'AMO

44. Les prestations de maternité concernent non seulement les frais médicaux, pharmaceutiques, d'hospitalisation, d'accouchement mais également les frais liés aux complications éventuelles de la grossesse et de l'accouchement.

Le bénéfice de la prise en charge des prestations de maternité est accordé à la femme assurée ou conjointe de l'assuré en état de grossesse qui fait trois examens médicaux conformément aux conditions définies dans les articles 51 et 52 du décret N°09-552/P-RM du 12 octobre 2009 fixant les modalités d'application de la loi portant institution du régime d'Assurance Maladie Obligatoire.

L'article 51 précise que le premier examen a lieu courant du troisième mois de grossesse. Cet examen est pratiqué par une personne habilitée à cet effet (Médecin, Sage-femme). Le certificat sanctionnant ce premier examen doit indiquer obligatoirement la date approximative prévue pour l'accouchement.

Aux termes de l'article 52, les deuxième et troisième examen sont effectuées par les mêmes personnes habilitées qui ont effectué le premier examen. Ces deux derniers examens ont lieu respectivement au sixième et au septième ou au huitième mois de la grossesse.

Par ailleurs, l'article 16 du Code de Prévoyance Sociale du Mali prévoit en des termes et conditions identiques les mêmes examens :

« *1) Le premier examen a lieu avant la fin du troisième mois de grossesse et est à la fois obstétrical et général. Il est effectué par un médecin.*

Le médecin établit le certificat de ce premier examen sur les feuilles ad hoc du carnet de grossesse et de maternité délivré à la mère par l'Institut National de Prévoyance Sociale.

Ce certificat peut être établi sur papier libre et tenir lieu de déclaration de grossesse dans le cas où le carnet n'aurait pas encore été délivré. Il doit indiquer obligatoirement la date présumée de l'accouchement.

2) Les deuxième et troisième examen sont obstétricaux. Ils sont effectués par un médecin ou une sage-femme. Ils ont lieu :

- *le 2ème examen vers le 6ème mois de la grossesse ;*
- *le 3ème examen vers le 8ème mois de la grossesse* ».

C. Les prestations en espèces liées à la maternité

45. Le Code de Prévoyance Sociale du Mali indique en substance à travers son article 18 que les allocations de maternité sont attribuées dans le but de généraliser la surveillance médicale de l'accouchement et des premiers mois du nourrisson.

Le droit aux allocations de maternité est acquis à toute femme salariée ou conjointe d'un travailleur salarié qui donne naissance sous contrôle médical à un enfant né viable et déclaré à l'état civil.

En cas de naissance multiple, chaque naissance est considérée comme une maternité distincte.

En application de l'article 19 du Code de Prévoyance Sociale, les conditions d'octroi des allocations de maternité sont subordonnées au contrôle médical de l'accouchement, à la surveillance médicale du nourrisson, attestés par les certificats prévus à la deuxième partie du carnet de grossesse et de maternité.

Le quatrième feuillet de ce carnet constitue le certificat constatant que l'accouchement a eu lieu sous contrôle médical. Le volet détaché de ce feuillet doit être accompagné de l'extrait de naissance du ou des enfants.

Le cinquième feuillet et le sixième feuillet comportent deux certificats de surveillance mensuelle du ou des nourrissons ; leur production entraîne le versement des deux dernières fractions de l'allocation de maternité.

L'allocation de maternité est payée en trois fractions.

- 1/2 à la naissance ou immédiatement après la demande ;
- 1/4 lorsque l'enfant atteint l'âge de 6 mois ;
- 1/4 lorsque l'enfant atteint un an.

Section 2 : Les accidents du travail et les maladies professionnelles

46. Le régime des accidents du travail et des maladies professionnelles relève du Code Prévoyance Sociale pour les salariés.

En revanche, pour les fonctionnaires de l'Etat et des Collectivités Territoriales, les militaires et les parlementaires, il est régi par la Loi N°2017-020 du 12 juin 2017 instituant la branche de prévention et de réparation des accidents du travail et des maladies professionnelles.

En faisant, un peu de droit comparé, en France, l'assurance contre les **accidents du travail** constitue la branche la plus ancienne du régime de sécurité sociale.

Elle remonte, en effet, à la **loi du 9 avril 1898,** limitée toutefois aux seuls salariés de l'industrie et qui fondait la réparation sur la responsabilité patronale (l'employeur pouvant conserver directement la charge des réparations, ou, et ce fut le cas le plus général, se garantir par une assurance).

Tout en reprenant nombre des dispositions antérieures (formalités de déclaration, réparation forfaitaire plus complète qu'en cas de **maladie,** liste des **maladies professionnelles** indemnisables...), la loi du 30 octobre 1946 concrétise l'idée d'une assurance obligatoire contre le risque social et substitue ainsi à la **responsabilité** individuelle de l'employeur une responsabilité collective.

Le risque « **accident du travail - maladies professionnelles** » est alors intégré dans l'ensemble des risques sociaux et **pris en charge par les organismes de sécurité sociale** moyennant une cotisation de l'employeur pour financer ce régime

Toutefois, la responsabilité de l'employeur peut toujours être reconnue en cas de faute inexcusable ou intentionnelle de sa part ou de la part de ses préposés. La loi du 30 octobre 1946 comporte d'autres innovations importantes : elle consacre la catégorie juridique d'« **accidents** de trajet », elle organise l'action des caisses en matière de prévention et développe les possibilités de rééducation **professionnelle** et de reclassement des accidentés.

Paragraphe 1 : Les bénéficiaires

47. Le Code de prévoyance sociale précise dans son article 61 que le régime de réparation et de prévention des accidents du travail et des maladies professionnelles existe au profit de tous les travailleurs salariés exerçant leur activité professionnelle dans la République du Mali ou pour le compte d'un employeur domicilié au Mali.

Pour ce qui concerne les fonctionnaires de l'Etat et des Collectivités Territoriales, les militaires et les parlementaires, l'article 4 de la Loi N°2017-020 du 12 juin 2017 instituant la branche de prévention et de réparation des accidents du travail et des maladies professionnelles dispose que : « *Sont affiliés à cette branche les fonctionnaires de l'Etat, les fonctionnaires des Collectivités Territoriales, les militaires et les parlementaires pour les activités en rapport avec l'exercice de leur mandat.*

L'Etat peut étendre par voie de décret à titre obligatoire ou volontaire, l'affiliation à la branche des Accidents du travail et des Maladies professionnelles à toute autre catégorie de la population active ».

En effet, la garantie des risques accidents du travail et maladie professionnelles peut être étendue à des personnes déterminées, qui bien que n'étant pas sous la subordination d'un employeur, se trouvent exposées à des risques de nature professionnelle.

Les personnes n'entrant pas dans le champ d'application de la garantie peuvent recourir à l'**assurance volontaire**

Paragraphe 2 : Les risques couverts

48. La branche **accident** du **travail-maladies professionnelles** du régime général de la sécurité sociale a vocation à s'appliquer à 3 **types de risques :**

- l'**accident** du **travail** proprement dit ;

- l'**accident** de trajet ;

- la **maladie professionnelle**.

A. Les accidents du travail

49. Les dispositions combinées des articles 62 et 63 du Code Prévoyance Sociale du Mali indiquent que l'accident du travail est l'accident, quelle qu'en soit la cause, l'accident survenu par le fait ou à l'occasion du travail à un salarié.

Sont également considérés comme accident du travail, l'accident survenu à un travailleur pendant le trajet de sa résidence au lieu du travail et vice-versa, dans la mesure où le parcours n'a pas été interrompu ou détourné pour un motif dicté par l'intérêt personnel ou indépendant de son emploi, et l'accident survenu pendant les voyages dont les frais sont soumis à la charge de l'employeur en vertu de l'article L164 du Code du Travail.

L'article 7 de la Loi N°2017-020 du 12 juin 2017 instituant la branche de prévention et de réparation des accidents du travail et des maladies professionnelles définit en des termes presqu'identiques l'accident du travail comme accident du travail, quelle qu'en soit les causes, l'accident survenu à un assuré par le fait ou à l'occasion du service.

Est également considéré comme accident du travail, l'accident survenu à un assuré pendant le trajet d'aller et de retour entre sa résidence ou le lieu où il prend ordinairement ses repas et le lieu où il effectue son travail ou perçoit sa rémunération, dans la mesure ou le parcours n'a pas été interrompu ou détourné par un motif dicté par l'intérêt personnel ou indépendant de l'emploi.

Enfin, est considéré comme accident du travail, l'accident survenu pendant les voyages et missions autorisés par l'employeur.

En France, la **définition** très générale de l'**accident** du **travail** donnée par l'article L 411-1 du Code de la Sécurité Sociale a conduit une jurisprudence très abondante à préciser les **éléments constitutifs** d'un tel **accident** à savoir, d'une part, l'existence d'un fait accidentel et, d'autre part, l'existence d'un lien entre cet **accident** et le **travail.**

Si ces éléments sont réunis, le salarié bénéficie d'une présomption d'imputabilité de son **accident** au **travail**, cette règle entraînant des conséquences particulières sur le régime de la preuve.

a. La notion d'accident du travail

50. La définition de l'**accident** du **travail** donnée par l'article L 411-1 du Code de la Sécurité Sociale en France est sensiblement analogue à celle donnée par la loi du 9 avril 1898 ; les critères jurisprudentiels de l'**accident** dégagés en application du texte d'origine ont cependant **évolué** avec le temps, dans le sens d'un assouplissement de la notion de fait accidentel.

Pendant longtemps, la Cour de cassation[5] a affirmé que l'**accident** du **travail** est caractérisé par l'**action soudaine et violente d'une cause extérieure** provoquant, au cours du **travail**, une **lésion** de l'organisme humain.

Par la suite, tout en continuant à exiger l'existence d'une lésion corporelle, la jurisprudence a progressivement abandonné les critères de violence et d'extériorité pour se référer essentiellement à celui de **soudaineté.**

---

[5] Cass. ch. réunies 7 avril 1921 : S. 1921, 1, 81 ; Cass. soc. 16 octobre 1958, CRSS de Strasbourg

La Cour de cassation[6] a ainsi posé le principe selon lequel constitue un **accident** du **travail** tout fait précis survenu soudainement au cours ou à l'occasion du **travail** et qui est à l'origine d'une lésion corporelle (notamment).

L'exigence d'un événement soudain caractérisant l'**accident** du **travail** permet d'établir une **distinction** fondamentale entre l'**accident** et la **maladie**.

b. Le fait accidentel

51. L'exigence d'un événement ou d'une série d'événements précisément localisés dans le temps conduit en général à qualifier d'**accident** du **travail** la plupart des **accidents**, au **sens commun** du terme, survenus au temps et au lieu de **travail** tels que chutes, chocs, agression, électrocution...En principe, l'**origine** de l'**accident** importe peu.

c. L'action d'un facteur extérieur

52. L'**accident** du **travail** peut notamment résulter de facteurs extérieurs : action violente d'outils ou de machines, conditions climatiques (chaleur, froid), bruit, lumière, agent chimique, choc émotionnel...

Toutefois, la jurisprudence exclut du champ des **accidents du travail** les lésions d'origine **professionnelle apparues progressivement** à la suite d'une action répété d'un facteur extérieur (instrument de travail, mode opératoire...) sur une longue période.

---

[6] Cass. soc. 24 avril 1969, L'Heveder c/ CPSS de la région parisienne : Bull. civ. V n° 262 ; Cass. soc. 21 janvier 1971, Dervillers c/ DRSS de Lille et a. : Bull. civ. V n° 45

d. L'acte inhérent au salarié

53. L'**accident** du **travail** peut résulter de facteurs propres au salarié : faux mouvement, effort, même normal...

S'agissant du **suicide**[7], l'administration a précisé que sa prise en charge en tant qu'**accident** du **travail** suppose que soit établi le lien de cause à effet entre le **travail** et le suicide. Pour admettre le caractère **professionnel**, la jurisprudence exige généralement que le suicide ou la tentative de suicide soit intervenu au temps et au lieu de **travail**˙(sur cette notion, et soit lié au **travail** exécuté le jour même).

e. La lésion physique

54. Toutes les lésions physiques sont susceptibles d'être prises en charge au titre de la législation sur les **accidents du travail**, que celles-ci soient **externes** (plaies, fractures, blessures de toute sorte...), ou **interne** (infarctus, hémorragie, hernie...), superficielles ou profondes.

La lésion peut être révélée par un malaise.

Par ailleurs, de simples douleurs peuvent, dans certains cas, être considérées comme une lésion.

En tout état de cause, la lésion doit faire l'objet d'une **constatation médicale**.

f. Le caractère professionnel

55. Pour être prise en charge au titre de la législation sur les **accidents du travail**, le fait accidentel doit revêtir un caractère **professionnel** au sens des articles des articles 62 et 63 du Code Prévoyance Sociale du Mali et de l'article

---

[7] Rép. Taittinger : Sén. 23 juin 1983 p. 914 n° 9951

7 de la Loi N°2017-020 du 12 juin 2017, c'est-à-dire qu'il doit être survenu **par le fait ou à l'occasion du travail**.

Très tôt en France, la Cour de cassation[8] a jugé que doit être considéré comme survenu à l'occasion du **travail** tout **accident** arrivé au temps et au lieu du **travail**.

Elle a posé ensuite le **principe** selon lequel le salarié se trouve au temps et au lieu du **travail** tant qu'il est soumis à l'autorité et à la surveillance de son employeur[9].

Ce principe a été confirmé par les chambres réunies[10] de la Cour de cassation : jugé qu'un **accident** ne peut être considéré comme survenu à l'occasion du **travail** dès lors qu'il s'est produit à un moment où l'employeur n'avait ni en droit, ni en fait autorité sur la victime.

g. Le lien de subordination

56. L'**accident** qui se produit à un moment où le salarié ne se trouve plus sous la subordination de l'employeur constitue un **accident** du **travail** dès lors que le salarié établit qu'il est survenu par le fait du **travail**.

En conséquence, une cour d'appel a pu décider que la prise en charge au titre d'**accident** du **travail** de la **tentative de suicide** d'un salarié à son **domicile,** pendant un **arrêt pour maladie,** était opposable à l'employeur,

---

[8] Cass. civ. 27 décembre 1911 S. 1913-1-383

[9] Cass. soc. 9 novembre 1960, Martin c/ François : Bull. civ. IV n° 1005 ; Cass. ass. plén. 3 juillet 1987, 2 arrêts n° 283 P et 284 P, CPAM du Puy-de-Dôme c/ Michelin : Bull. ass. plén. n° 3

[10] Cass. ch. réunies 28 juin 1962, Garde des Sceaux c/ Huleux et a. : Bull. civ. ch. réunies n° 6

après avoir constaté que l'intéressé avait rapporté la preuve lui incombant autrement que par ses seules affirmations[11].

h. Le lieu de travail

57. La délimitation du lieu du travail est importante pour la reconnaissance du caractère professionnel de l'accident.

Ayant posé le principe que le salarié doit être regardé comme étant au temps et au lieu de travail tant qu'il est soumis à l'autorité de son employeur, la Cour de cassation française[12] en a déduit que le lieu de travail doit s'entendre, non seulement des **locaux effectivement affectés au travail,** mais également des **dépendances** de l'entreprise où l'employeur exerce nécessairement son pouvoir.

Doit être considéré comme survenu à l'occasion du travail, tout accident, quelle qu'en soit la cause, dont est victime un salarié qui se déplace dans les **dépendances** de l'entreprise où il travaille et où l'employeur doit nécessairement exercer son contrôle et sa surveillance, dès lors que la victime ne s'est **pas soustraite à l'autorité** de ce dernier en enfreignant ses instructions.

i. Le temps de travail

58. Le salarié est considéré comme étant au temps de travail tant qu'il se trouve sous le **contrôle et l'autorité de l'employeur.**

L'autorité et le contrôle de l'employeur s'exercent dans l'ensemble de l'enceinte de l'entreprise, les notions

---

[11] Cass. 2e civ. 22 février 2007 n° 05-13.771 (n° 305 FS-PBRI), Gruner c/ Alain : RJS 5/07 n° 666, Bull. civ. II n° 54.

[12] Cass. soc. 28 octobre 1981 n° 2051, Marcoz c/ Khelaifi

de **lieu** et de temps de travail sont bien souvent imbriquées. Le temps de travail recouvre donc :

- le **temps consacré au travail** proprement dit selon l'horaire du salarié ;
- le temps pendant lequel le salarié **se trouve dans l'entreprise à l'occasion du travail** : temps précédant le début ou suivant la fin du travail et temps de pause.

Il convient aussi de rappeler que lorsque le salarié ne se trouve plus sous la **subordination** de l'employeur, l'accident ne peut pas être professionnel.

j. Le régime de la preuve

59. La charge de la preuve pèse normalement sur le demandeur, c'est-à-dire, en matière d'accident du travail, le plus souvent sur la victime.

Compte tenu des difficultés que pourraient rencontrer les victimes pour apporter la preuve du caractère professionnel de l'accident, la jurisprudence française a assoupli ces règles en posant le principe dit de la « **présomption d'imputabilité** ».

La jurisprudence estimant qu'est présumé accident du travail tout fait survenu au temps et au lieu du travail, il suffit au salarié de prouver la réalité des faits - existence de la lésion et temps et lieu de sa survenance - pour voir admis l'accident du travail, à charge pour la caisse d'assurance-maladie ou l'employeur d'apporter la preuve contraire.

La présomption d'imputabilité au travail de tout fait accidentel ou toute lésion ne joue que si la matérialité de l'accident est établie et que si la preuve de sa survenance au temps et sur le lieu du travail est apportée.

La preuve de la survenance d'un accident au cours du travail incombe à l'**assuré**[13]**.** Il appartient donc à la **victime** ou à ses **ayants droit** d'établir que l'accident ou l'accident est survenu au temps et au lieu de travail[14].

B. L'accident de trajet

60. L'article 63 du Code de Prévoyance Sociale du Mali dispose que : « *Sont également considérés comme accident du travail, l'accident survenu à un travailleur pendant le trajet de sa résidence au lieu du travail et vice-versa, dans la mesure où le parcours n'a pas été interrompu ou détourné pour un motif dicté par l'intérêt personnel ou indépendant de son emploi (...)* ».

De même, l'article 7 de la Loi N°2017-020 du 12 juin 2017 instituant la branche de prévention et de réparation des accidents du travail et des maladies professionnelles pour les fonctionnaires de l'Etat et des Collectivités Territoriales, les militaires et les parlementaires dispose également que : « *Est également considéré comme accident du travail, l'accident survenu à un assuré pendant le trajet d'aller et de retour entre sa résidence ou le lieu où il prend ordinairement ses repas et le lieu où il effectue son travail ou perçoit sa rémunération, dans la mesure ou le parcours n'a pas été interrompu ou détourné par un motif dicté par l'intérêt personnel ou indépendant de l'emploi* ».

61. Selon la jurisprudence constante de la Cour de cassation française, est également considéré comme accident du travail, lorsque la victime ou ses ayants droit apportent la preuve que l'ensemble des conditions ci-après sont remplies ou lorsque l'enquête permet à la caisse de disposer sur ce point de présomptions suffisantes, l'accident

---

[13] Cass. soc. 11 juin 1992 n° 2224 D, CPAM de Paris c/ Lemoine et autres

[14] Cass. soc. 8 juillet 1985 n° 2979 P, Baldacchino et a. c/ CPAM des Alpes-Maritimes : Bull. civ. V n° 415

survenu à un travailleur, pendant le trajet d'aller et de retour entre :

1.La résidence principale, une résidence secondaire présentant un caractère de stabilité ou tout autre lieu où le travailleur se rend de façon habituelle pour des motifs d'ordre familial et le lieu du travail. Ce trajet peut ne pas être le plus direct lorsque le détour effectué est rendu nécessaire dans le cadre d'un covoiturage régulier ;

2.Le lieu du travail et le restaurant, la cantine ou, d'une manière plus générale, le lieu le travailleur prend habituellement ses repas, et dans la mesure où le parcours n'a pas été interrompu ou détourné pour un motif dicté par l'intérêt personnel et étranger aux nécessités essentielles de la vie courante ou indépendant de l'emploi.

62. Ainsi, l'accident de trajet se définit par trois (3) **éléments essentiels** :

- ses extrémités ;
- un itinéraire dit protégé ;
- l'existence d'un lien entre le trajet et l'exécution du travail.

a. Les extrémités du trajet

63. Les extrémités du trajet protégé sont constituées :

- d'une part, par le lieu du travail ;

- d'autre part, soit par la résidence principale, une résidence secondaire présentant un caractère de stabilité ou tout autre lieu où le travailleur se rend de façon habituelle pour des motifs d'ordre familial, soit par le restaurant, la cantine ou, d'une manière plus générale, le lieu où le travailleur prend habituellement ses repas.

Le lieu de travail constitue obligatoirement le point de départ ou le point d'arrivée du trajet protégé. En effet, le trajet protégé se trouve toujours en rapport avec le travail qui va avoir lieu ou vient de s'accomplir.

C'est tout le sens des dispositions des articles 63 du Code de Prévoyance Sociale du Mali et de l'article 7 de la loi la Loi N°2017-020 du 12 juin 2017 lorsqu'ils précisent que : « *l'accident survenu à un travailleur pendant le trajet de sa résidence au lieu du travail* » ou que c'est « *l'accident survenu à un assuré pendant le trajet d'aller et de retour entre sa résidence ou le lieu où il prend ordinairement ses repas et le lieu où il effectue son travail ou perçoit sa rémunération* ».

Le lieu de travail s'entend en principe du **lieu où le salarié exerce habituellement son activité** professionnelle. Il s'agit généralement de l'entreprise ou d'un établissement de l'entreprise.

Constitue un accident de trajet la chute faite par le salarié, pendant la pause de midi, en **sortant d'une charcuterie pour se rendre dans un café** où il avait l'habitude de prendre ses repas, qu'il n'avait pas la possibilité de prendre sur son lieu de travail. La cour d'appel a pu estimer qu'il n'avait fait que pourvoir à une nécessité de la vie courante[15].

b. L'itinéraire protégé

64. L'itinéraire protégé se trouve dans les dispositions de l'articles 63 du Code de Prévoyance Sociale du Mali lorsqu'il précise que : « *le parcours n'a pas été interrompu*

---

[15] Cass. soc. 10 février 1994 n° 761 D, CPAM du Val-de-Marne c/ Campana : RJS 3/94 n° 315

ou détourné pour un motif dicté par l'intérêt personnel ou indépendant de son emploi (...) ».

Il en de même pour l'article 7 de la loi la Loi N°2017-020 du 12 juin 2017 rédigé en des termes identiques que l'article 63 du Code de Prévoyance Sociale du Mali : « *le parcours n'a pas été interrompu ou détourné par un motif dicté par l'intérêt personnel ou indépendant de l'emploi ».*

L'itinéraire protégé est en principe l'itinéraire normal eu égard au lieu de travail accompli en un temps normal.Si le parcours peut être interrompu ou détourné, il ne doit pas l'avoir été pour un motif dicté par l'intérêt personnel et étranger aux nécessités essentielles de la vie courante ou indépendant de l'emploi.

Le trajet protégé par la législation sur les accidents du travail ne concerne que le trajet lui-même et ne s'étend pas à des **actes le précédant ou le préparant[16].**

c. Le parcours direct et habituel

65. L'itinéraire protégé est l'itinéraire normal, c'est-à-dire en principe l'itinéraire habituel et le plus direct.

La jurisprudence française admet toutefois que le salarié puisse avoir le choix entre plusieurs itinéraires pouvant être considérés comme normaux ou encore qu'il puisse modifier son itinéraire habituel si cette modification lui permet, par exemple, d'éviter un encombrement.

Constitue un accident de trajet l'accident de la circulation dont a été victime un salarié en rentrant à son domicile après son travail, dès lors que l'itinéraire qu'il a suivi, s'il n'était pas le trajet le plus direct, ne constituait pas

[16] Cass. soc. 25 juin 1964, DRSS de Limoges c/ Cantin et a. : Bull. civ. IV n° 566

un parcours entièrement différent de celui-ci et pouvait être considéré comme un itinéraire normal[17].

d. Le temps normal du trajet

66. L'accident de trajet est en principe l'accident survenu pendant le temps normal du trajet. Lorsqu'il se produit sur le lieu du trajet, l'accident survenu pendant le temps normal du trajet bénéficie ainsi d'une présomption d'imputabilité

N'a pas en revanche la nature d'un accident de trajet l'accident qui se produit en dehors du temps normal de trajet sauf à la victime ou à ses ayants droit d'apporter la preuve que les conditions prévues aux articles 63 du Code de Prévoyance Sociale du Mali et 7 de la loi la Loi N°2017-020 du 12 juin 2017 sont remplies, c'est-à-dire, le parcours n'a pas été interrompu ou détourné par un motif dicté par l'intérêt personnel ou indépendant de l'emploi.

En d'autres termes, que l'intéressé n'était pas guidé par un motif dicté par l'intérêt personnel et étranger aux nécessités essentielles de la vie courante ou indépendant de l'emploi au moment de l'accident et au moment ayant précédé celui-ci.

L'horaire normal du trajet est apprécié en fonction des **circonstances** de fait en tenant compte notamment de la **distance** à parcourir et du moyen de transport utilisé par le salarié.

e. Le lien avec le travail

67. L'accident de trajet est l'accident survenu lors d'un déplacement ayant pour cause un travail qui **va avoir lieu**

---

[17] Cass. soc. 3 décembre 1981 n° 2365, CPAM de la Sarthe c/ Hadji : Bull. civ. V n° 941 ; Cass. soc. 4 février 1987 n° 417 S, CPAM du Haut-Vivarais c/ Montabonne

ou vient de s'accomplir en exécution du contrat de travail. Il faut donc qu'existe un lien entre le trajet et l'emploi. La même observation est valable pour les assurés relevant de la Loi N°2017-020 du 12 juin 2017.

Il s'ensuit que même survenu sur le trajet protégé, un accident n'aura pas la nature d'accident de trajet si le parcours n'a pas été effectué pour les besoins de l'emploi. Selon la jurisprudence, il en est notamment ainsi des **trajets** effectués :

- **avant que le contrat de travail soit formé** ;

- pendant une **période de suspension du contrat** de travail ;

- **pendant le temps normal de travail,** que le salarié ait obtenu ou non une autorisation d'absence.

Dans certaines de ces situations, les juges sont amenés à se prononcer tant sur la qualification d'accident du travail que sur celle d'accident de trajet.

f. Les règles de preuve

68. L'accident survenu au temps et au lieu du trajet bénéficie d'une présomption d'imputabilité. Mais sauf dans le cas où l'INPS ou la CMSS disposent de présomptions suffisantes, la présomption d'imputabilité ne joue que si la victime ou ses ayants droit apportent la preuve que l'accident est bien survenu au temps et au lieu du trajet.

g. La charge de la preuve

69. Si l'INPS ou la CMSS ne disposent pas sur ce point de présomptions suffisantes, il appartient à la **victime** ou à ses **ayants droit** d'apporter la preuve que l'accident s'est produit au temps et au lieu du trajet protégé.

En cas d'interruption de trajet, preuve doit être apportée que cette interruption est liée aux nécessités essentielles de la vie courante ou à l'emploi.

Selon la jurisprudence française, la preuve ne peut, en principe, être établie à partir des seules **déclarations de la victime,** quelle que soit sa bonne foi, en l'absence d'éléments susceptibles de les conforter : présence de témoins directs, existence de tiers ayant vu la victime peu de temps après l'accident, rapports médicaux ou de gendarmerie, ou tout élément de nature à établir l'existence de présomptions suffisamment graves, précises et concordantes.

C. Les maladies professionnelles

70. Le Code de Prévoyance Sociale du Mali ne définit pas les maladies professionnelles.

Toutefois, l'article 61 du même Code se contente d'indiquer que le régime de réparation et de prévention des accidents du travail et des maladies professionnelles existe au profit de tous les travailleurs salariés exerçant leur activité professionnelle dans la République du Mali ou pour le compte d'un employeur domicilié au Mali.

En revanche, la Loi N°2017-020 du 12 juin 2017 instituant la branche de prévention et de réparation des accidents du travail et des maladies professionnelles applicable aux fonctionnaires de l'Etat et des Collectivités Territoriales, aux Militaires et aux Parlementaires défit la maladie professionnelle : « *comme toute manifestation morbide, infection microbienne ou affection dont l'origine est imputable par présomption à l'activité professionnelle de la victime.*

Cette maladie doit être désignée dans un tableau des maladies professionnelles et contractée dans les conditions mentionnées au dit tableau ».

En outre, le Décret N°2017-1001/P-RM du 20 décembre 2017 fixant les modalités d'application de la loi instituant la branche de prévention et de réparation des accidents du travail et des maladies professionnelles applicable aux fonctionnaires de l'Etat et des Collectivités Territoriales, aux Militaires et aux Parlementaires dispose dans son article 11 que : « *La prise en charge d'une maladie professionnelle se fait sur la base d'un tableau annexé au présent décret.*

Le tableau des maladies professionnelles fixe le délai maximal de prise en charge des pathologies d'origine professionnelle ».

En France, la loi du 9 avril 1898, qui a consacré le principe de la responsabilité sans faute de l'employeur en cas d'accident du travail, avait laissé en dehors de son champ d'application la réparation des maladies d'origine professionnelle compte tenu, en particulier, de la difficulté d'établir le lien de cause à effet entre le travail et une maladie.

Après de longs travaux, le législateur s'est orienté vers un mécanisme de définition distinct de celui des accidents du travail par le truchement d'un système de tableaux numérotés mis en place avec la **loi du 25 octobre 1919,** lequel a été repris à peu près intégralement par la **loi du 30 octobre 1946** intégrant les risques professionnels dans le régime général de sécurité sociale.

Ce système de tableaux de maladies professionnelles conduit à exclure de la réparation des maladies qui, bien que d'origine professionnelle, n'étaient pas inscrites dans un tableau. Pour remédier à cette discrimination, la **loi 93-121 du 27 janvier 1993** (JO 30) a créé une procédure de reconnaissance complémentaire fondée sur une expertise individuelle.

1. Les maladies inscrites dans les tableaux

71. Est considéré comme maladie professionnelle, toute manifestation morbide, infection microbienne ou affectation dont l'origine est imputable par présomption à l'activité professionnelle de la victime.

Est **présumée d'origine professionnelle** toute maladie désignée dans un tableau de maladies professionnelles et contractée dans les conditions mentionnées à ce tableau.

En France, il y a 182 tableaux de maladies de maladies professionnelles (CSS art. R 461-3).

Au Mali, le régime de prévention et de réparation des dommages résultant des accidents de travail et des maladies professionnelles est en constante évolution. Selon elle, plusieurs rapports d'audit et de contrôle des organismes de prévoyance sociale membres de la CIPRES (Conférence Interafricaine de la Prévoyance Sociale) ont relevé des insuffisances dans le cadre juridique de la prise en charge des victimes des accidents de travail et des maladies professionnelles au sein des Etats membres. À la suite de ces insuffisances, les plus hautes autorités des pays membres de la CIPRES ont marqué leur volonté d'élaborer des outils de gestion harmonisés.

Ces outils constituent une avancée notoire dans le système de reconnaissance et de réparation des AT/MP, le nombre de tableaux de la liste des maladies professionnelles passe de 44 tableaux (Code de Prévoyance de 1962 du Mali) à 88 tableaux pour s'aligner sur le nombre de tableaux prévu par le Décret N°2017-1001/P-RM du 20 décembre 2017.

En effet, le Conseil des Ministres de la Conférence Interafricaine de la Prévoyance Sociale (CIPRES), qui regroupe 17 pays et 26 organismes de prévoyance sociale, a, en février 2005, par la recommandation n°25, préconisé l'actualisation et l'harmonisation de la liste des maladies professionnelles des Etats membres.

Au Mali, l'article 139 du Code de Prévoyance dispose que : « Les *tableaux des maladies professionnelles sont complétés et modifiés   pris en Conseil des Ministres sur proposition conjointe des Ministres chargés du Travail et de la Santé Publique après avis du Conseil Supérieur du Travail pour l'étude des questions intéressant l'hygiène et la sécurité des travailleurs.*

Il est énuméré dans ces tableaux, pour chaque agent nocif, pour chaque infection microbienne pouvant avoir une origine professionnelle, pour les infections susceptibles de résulter d'ambiance ou d'attitude nécessitée par l'exécution de certains travaux, pour chaque zone reconnue infectée, les manifestations morbides d'intoxication aiguë ou chronique présumées d'origine professionnelle présentée par les travailleurs exposés d'une façon habituelle à l'action desdits agents nocifs ».

A l'heure où nous rédigeons ces lignes, même si l'INPS[18] a fait des déclarations que le tableau des maladies professionnelles est passé de 44 à 88 aucun décret n'avait encore été pris dans ce sens.

---

[18] Essor : « *Accidents du travail et Maladies professionnelles : L'INPS outille les acteurs* »: https://bamada.net/accidents-de-travail-et-maladies-professionnelles-linps-outille-les-acteurs

L'annexe du Décret N°2017-1001/P-RM du 20 décembre 2017 fixant les modalités d'application de la loi instituant la branche de prévention et de réparation des accidents du travail et des maladies professionnelles applicable aux fonctionnaires de l'Etat et des Collectivités Territoriales, aux Militaires et aux Parlementaires fait une classification des tableaux selon les types d'agents causals (Chimiques, Physiques, Biologiques-Infectieux-Parasitaires et Autres).

A titre d'exemple le Tableau N°1 est consacré à l'amiante comme suit :

DÉSIGNATION DES MALADIES DÉSIGNATION DES MALADIES	**DÉLAI DE PRISE EN CHARGE**	**LISTE INDICATIVE DES PRINCIPAUX TRAVAUX SUSCEPTIBLES DE PROVOQUER CES MALADIES**
A. Asbestose : fibrose pulmonaire diagnostiquée sur des signes radiologiques spécifiques, qu'il y ait ou non des modifications des explorations fonctionnelles respiratoires. *Complications* : insuffisance respiratoire aiguë, insuffisance ventriculaire droite. **B. Lésions pleurales bénignes** : avec ou	**20 ans** **20 ans**	Travaux et missions exposant à l'inhalation de poussières d'amiante, notamment : • Extraction, manipulation et traitement de minerais et roches amentifères. • Manipulation et utilisation de l'amiante brut dans les opérations de fabrication suivantes :

sans modifications des explorations fonctionnelles respiratoires : - Pleurésie exsudative ; - Plaques pleurales plus ou moins calcifiées bilatérales, pariétales, diaphragmatiques ou médiatisnales ; - Plaques péricardiques - Epaississements pleuraux bilatéraux, avec ou sans irrégularités diaphragmatiques. C. **Dégénérescence maligne bronchopulmonaire** compliquant les lésions parenchymateuses et pleurales bénignes ci-dessus mentionnées. D. **Mésothéliome** malin primitif de la plèvre, du péritoine, du péricarde	**35 ans** (sous réserve d'une durée d'exposition de **05 ans**) **40 ans**	- Amiante-ciment ; amiante-plastique ; amiante textile ; amiante-caoutchouc ; carton, papier et feutre d'amiante ; - enduit ; feuilles et joints en amiante ; garnitures de friction contenant de l'amiante ; produits moulés ou en matériaux à base d'amiante et isolants. Travaux de cardage, filage tissage d'amiante et confection de produits contenant de l'amiante. Application, destruction et élimination de produits à base d'amiante : amiante projeté ; calorifugeage au moyen de produits contenant de l'amiante ; démolition d'appareils et de matériaux contenant de l'amiante, déflocage. Travaux de pose et de dépose de calorifugeage

		contenant de l'amiante. Travaux d'équipement, d'entretien ou de maintenance effectués sur des matériels ou dans des locaux et annexes revêtus ou contenant des matériaux à base d'amiante. Conduite de four.
E.Autres tumeurs pleurales primitives.	**40 ans**	Travaux nécessitant le port habituel de vêtements contenant de l'amiante.
F. Cancer broncho-pulmonaire Cancer broncho-pulmonaire primitif.	**35 ans** sous réserve d'une durée d'exposition de **10 ans**	**LISTE LIMITATIVE** Travaux directement associés à la production des matériaux contenant de l'amiante. Travaux nécessitant l'utilisation d'amiante en vrac. Travaux d'isolation utilisant des matériaux contenant de l'amiante. Travaux de retrait d'amiante.

		Travaux de pose et de dépose de matériaux isolants à base d'amiante. Travaux de construction et de réparation navale. Travaux d'usinage, de découpage et deponçage de matériaux contenant de l'amiante. Fabrication de matériels de friction contenant de l'amiante. Travaux d'entretien ou de maintenance effectués sur des équipements contenant des matériaux à base d'amiante.

72. L'assuré victime d'une maladie mentionnée dans un tableau de maladies professionnelles bénéficie de la présomption d'origine professionnelle de cette affection dès lors qu'il **établit que sont remplies les conditions fixées au tableau** et tenant au délai de prise en charge, à la durée d'exposition et, le cas échéant, à la liste limitative des travaux.

Par ailleurs, la prise en charge d'une affection à titre professionnel est impérativement subordonnée à la **justification d'une exposition aux risques**[19]**.**

[19] Cass. soc. 28 septembre 1983, CPAM de Lyon c/ Ets Berthier : Bull. civ. V. n° 469

Pour bénéficier de la présomption d'imputabilité, il appartient à la victime ou à ses ayants droit de rapporter la **preuve de l'exposition d'une façon habituelle aux risques** mentionnés aux tableaux.

La **preuve de l'exposition d'une façon habituelle aux risques** peut être apportée par tous **moyens.**

La présomption d'imputabilité dont bénéficie l'assuré social n'a pas un caractère irréfragable. Il est possible à l'**employeur** ou à l'organisme de sécurité sociale (INPS/CMSS) d'apporter la preuve contraire, c'est-à-dire d'établir l'absence de relation entre l'état de l'intéressé et le risque considéré[20].

2. La reconnaissance sur expertise individuelle

73. L'origine professionnelle d'une maladie peut, le cas échéant, être reconnue par la sécurité sociale, à l'issue d'une procédure fondée sur une expertise individuelle, même si la victime ne remplit pas les conditions fixées par les tableaux de maladies professionnelles ou si son affection ne figure dans aucun tableau.

En France, ces dispositions, issues de la loi 93-121 du 27 janvier 1993 (JO 30), sont précisées par la circulaire Cnamts 93-9 du 2 novembre 1993 et la note DRT 95-8 du 12 mai 1995.

Une maladie est susceptible d'être reconnue d'origine professionnelle sur expertise individuelle dans les **2 cas** ci-après.

---

[20] Cass. soc. 10 février 1966, CEA c/ CPCSS de la région parisienne et a. : Bull. civ. IV n° 176.

a. Maladie désignée dans un tableau dont les conditions font défaut

74. Si une ou plusieurs conditions tenant au délai de prise en charge, à la durée d'exposition ou à la liste limitative des travaux ne sont pas remplies, la maladie telle qu'elle est désignée dans un tableau de maladies professionnelles peut être reconnue d'origine professionnelle lorsqu'il est établi qu'elle est **directement causée par le travail habituel** de la victime.

b. Maladie non désignée dans un tableau

75. Peut être également reconnue d'origine professionnelle une maladie caractérisée non désignée dans un tableau de maladies professionnelles lorsqu'il est établi qu'elle est **essentiellement et directement causée par le travail** habituel de la victime et qu'elle entraîne le décès de celle-ci ou une **incapacité permanente** d'un taux au moins égal à 25 %.

En effet, l'article 12 Décret N°2017-1001/P-RM du 20 décembre 2017 dispose que : « *Une affection non désignée dans le tableau des maladies professionnelles peut être prise en charge lorsqu'il est établi qu'elle est essentiellement et directement causée par le travail habituel de l'assuré et qu'elle a entraîné une incapacité permanente au moins de 25% ou le décès de celui-ci.*

La CMSS doit se prononcer dans un délai de trois mois après avis du Comité de Santé ».

A notre avis la même procédure de reconnaissance devrait être valable pour les salariés car il ne peut en être autrement.

En France, initialement le taux d'incapacité permanente prévu par l'article R 461-8 du CSS pouvant ouvrir droit à la reconnaissance d'une maladie professionnelle non désignée dans un tableau était fixé à 66,66 %. Il a été ramené à 25 % par le décret 2002-543 du 18 avril 2002 (JO 21).

D. Les droits de l'assuré

a. Les bénéficiaires de la branche AT/MP

76. En règle générale, les bénéficiaires de la branche AT/MP sont :

- les victimes d'accidents du travail et des maladies professionnelles ;

- les ayants droit de l'assuré lorsque celui-ci décède pendant l'accident ou des suites de l'accident ou de la maladie professionnelle.

b. Les prestations accordés à la victime ou à ses ayants droit

77. Aux termes de l'article 85 du Code de Prévoyance Sociale, il est précisé que : « *Les prestations accordées aux victimes comprennent, qu'il y ait ou non interruption de travail :*

1° la couverture des frais entraînés par les soins médicaux et chirurgicaux ; les frais pharmaceutiques et accessoires ;

2° la couverture des frais d'hospitalisation ;

3° la fourniture, la réparation et le renouvellement des appareils de prothèse et d'orthopédie nécessités par l'infirmité résultant de l'accident et reconnus indispensables soit par le médecin traitant, soit par la Commission d'appareillage, dans les conditions fixées aux Articles 95 et suivants, ainsi que la réparation et le remplacement de ceux que l'accident a rendu inutilisable ;

4° la couverture des frais de transport de la victime à sa résidence habituelle, au centre inter-entreprise, à la formation sanitaire ou à l'établissement hospitalier ;

5° les prestations, autres que les rentes, dues en cas d'accident suivi de mort, définies à l'article 135 ci-dessous ;

6° et, d'une façon générale, la prise en charge des frais nécessités par le traitement, la réadaptation fonctionnelle, la rééducation professionnelle et le reclassement de la victime ».

Pour les assurés régis par Loi N°2017-020 du 12 juin 2017, l'article 19 précise que la victime d'un accident du travail ou d'une maladie professionnelle a droit :

- aux soins médicaux que requiert son état ;
- au maintien du salaire dans le respect des dispositions du régime ou du statut qui lui est applicable ;
- à une rente d'incapacité ou une allocation d'incapacité.

L'article 25 du Décret N°2017-1001/P-RM du 20 décembre 2017 fixant les modalités d'application de la loi instituant la branche de prévention et de réparation des accidents du travail et des maladies professionnelles applicable aux fonctionnaires de l'Etat et des Collectivités Territoriales, aux Militaires et aux Parlementaires indique de manière plus explicite que : « *Les frais médicaux occasionnés par un accident du travail ou par une maladie professionnelle sont pris intégralement en charge par la CMSS.*

L'assuré, qui se présente dans un établissement public ou parapublic de santé, est pris en charge directement par celui-ci.

L'établissement de santé facturera les frais de soins au nom de la CMSS, conformément à la tarification en vigueur dans les structures de santé publique.

Toutefois, les soins de première urgence sont à la charge de l'employeur.

La prise en charge des frais médicaux est faite à travers le système de tiers payant et couvre l'ensemble des frais engagés par la structure de prise en charge ».

78. Les prestations médicales[21] doivent tendre à préserver, rétablir ou améliorer la santé de la victime ainsi que son aptitude à travailler et à faire face à ses besoins personnels.

Quant aux prestations en espèces dues en cas d'incapacité de travail, de perte de la capacité de gain, ou de diminution correspondante de l'intégrité physique sont versées sous forme de paiements périodiques.

En ce qui concerne les indemnités journalières, en cas d'incapacité de travail temporaire et de perte subséquente de gain, il est alloué à la victime en application du Code de Prévoyance Sociale, une indemnité journalière à partir du 1er jour suivant l'arrêt de travail et ce, pendant toute la période d'interruption de travail.

Le taux de cette indemnisation est de cent pour cent (100%) du dernier salaire précédent l'accident.

E. Les indemnités journalières

79. L'indemnité journalière est due à la victime pendant la période d'incapacité temporaire qui l'oblige à

---

[21] INPS, Guide de l'Assuré Social : « Accidents du Travail et Maladies Professionnelle », p.4

interrompre son travail à partir du 1er jour suivant l'arrêt de travail et ce, pendant toute la période d'interruption de travail.

L'indemnité journalière est payée à la victime par l'INPS à partir du premier jour qui suit l'arrêt du travail consécutif à l'accident, sans distinction entre jours ouvrables et dimanches ou jours fériés, pendant toute la période d'incapacité de travail qui précède, soit la guérison complète, soit la consolidation de la blessure ou le décès, ainsi que dans le cas de rechute ou d'aggravation[22].

L'article 115 du Code de Prévoyance Sociale du Mali dispose que :

« *L'indemnité journalière est égale :*

- *1° au 1/30 du salaire du mois civil de travail précédant l'accident, en ce qui concerne le salarié payé au mois ou à la quinzaine ;*
- *2° au 1/28 du salaire des deux dernières quatorzaines de travail pour les travailleurs payés à la quatorzaine, les deux derniers bulletins de paye faisant foi ;*
- *3° au 1/28 du salaire des quatre dernières semaines de travail pour les salariés à la semaine, les quatre bulletins de paye faisant foi.*

En ce qui concerne le travailleur journalier intermittent, l'indemnité journalière est égale au 1/30 du salaire de ses horaires multiplié par la durée mensuelle du travail de l'entreprise.

Dans tous les cas ci-dessus, on entend par salaire l'ensemble des sommes perçues en contrepartie du travail effectué, à l'exclusion des frais professionnels, des

---

[22] Article 114 Code de Prévoyance sociale du Mali

indemnités représentatives de remboursement de frais, et des prestations familiales (...) ».

80. Par ailleurs, il est important de souligner que l'indemnité journalière est payée, soit à la victime, soit à son conjoint, soit si la victime est mineure, à la personne qui justifie l'avoir à sa charge, soit à un tiers auquel la victime donne délégation pour l'encaissement de cette indemnité.

L'indemnité journalière est réglée mensuellement et n'est cessible ni saisissable que dans les limites fixées par les articles L121 et L122 du Code du Travail et des règlements pris pour son application.

Tout retard injustifié apporté au paiement de l'indemnité journalière donne droit au créancier, à partir du huitième jour de leur échéance, à une astreinte quotidienne prononcée par la juridiction compétente, de 1 % du montant des sommes non payées.

F. Les rentes

81. La rente est définie comme le montant alloué et versé périodiquement à une victime d'accident de travail ou de maladie professionnelle pour une durée limitée ou définitive en compensation de la perte de revenu[23].

a. La détermination du taux d'incapacité

82. Aux termes de l'article 26 du Décret N°2017-1001/P-RM du 20 décembre 2017 fixant les modalités d'application de la loi instituant la branche de prévention et

---

[23] Article 7, Loi N°2017-020 du 12 juin 2017 instituant la branche de prévention et de réparation des accidents du travail et des maladies professionnelles applicable aux fonctionnaires de l'Etat et des Collectivités Territoriales, aux Militaires et aux Parlementaires défit la maladie professionnelle.

de réparation des accidents du travail et des maladies professionnelles applicable aux fonctionnaires de l'Etat et des Collectivités Territoriales, aux Militaires et aux Parlementaires : « *Le taux d'incapacité est déterminé selon un barème indicatif des taux d'Incapacité Permanente Partielle (IPP) qui sera fixé par arrêté conjoint des ministres chargés de la Sécurité sociale et de la Santé.*

Le taux d'incapacité minimal pouvant ouvrir droit à une rente est fixé à 15 % ».

Le Code de Prévoyance Sociale du Mali ne consacre pas un article sur la détermination du taux d'incapacité comme le Décret N°2017-1001/P-RM du 20 décembre 2017 précité, cependant, les dispositions combinées des articles 124 et 132 dudit Code oblige à constater que le taux d'incapacité minimal pouvant ouvrir droit à une rente est de 10% d'IPP.

Les rentes dues pour la réparation d'un accident mortel ou entraînant une réduction de capacité au moins égale à 10 % ne peuvent être calculées sur un salaire annuel inférieur au salaire minimum interprofessionnel garanti, multiplié par le coefficient 1,30 (Article 124 CPS).

La rente allouée à la victime d'un accident du travail doit être rachetée à compter du point de départ des arrérages si le taux d'incapacité ne dépasse pas 10 % (Article 132 CPS).

83. A la lecture des textes cités, ci-dessus, nous pouvons constater que le taux d'IPP pouvant ouvrir droit à une rente diffère selon que l'on soit un assuré régi par le Code de Prévoyance Social (10%) et un fonctionnaire de l'Etat et des Collectivités Territoriales, Militaire et Parlementaire (15%).

b. La détermination de la rente

84. En application de l'article 125 du Code de Prévoyance Sociale du Mali, en cas d'incapacité permanente, la victime a droit à une rente égale au salaire annuel multiplié par le taux d'incapacité préalablement réduit de moitié lorsque ce taux qui ne dépasse pas 50 % est augmenté de moitié pour la partie qui excède 50 %.

Si l'incapacité permanente est totale et oblige la victime, pour les actes ordinaires de la vie, à recourir à l'assistance d'une tierce personne, le montant de la rente calculée d'après les bases indiquées précédemment est majoré de 40 %.

Le taux de l'incapacité permanente est déterminé d'après la nature de l'infirmité, l'état général, l'âge, les facultés physiques et mentales de la victime ainsi que d'après ses aptitudes et qualifications professionnelles.

85. Après un délai de cinq (5) ans, la rente peut être convertie en capital en totalité ou en partie si :

- le taux d'incapacité ne dépasse pas 20%, sur simple demande ;

- le taux d'incapacité est compris entre 20 et 50%, le rachat peut être opéré dans la limite du quart au plus du capital correspondant à la valeur de la rente.

86. Le Décret N°2017-1001/P-RM du 20 décembre 2017 fixant les modalités d'application de la loi instituant la branche de prévention et de réparation des accidents du travail et des maladies professionnelles applicable aux fonctionnaires de l'Etat et des Collectivités Territoriales, aux Militaires et aux Parlementaires abonde dans le même sens à travers son article 31 en ces termes : « *En cas d'incapacité permanente, la victime a droit à une rente égale au salaire annuel multiplié par le taux d'incapacité* *préalablement réduit de moitié lorsque ce taux qui ne dépasse pas 50 % est augmenté de moitié pour la partie qui excède 50 %.*

Si l'incapacité permanente est totale et oblige la victime, pour les actes ordinaires de la vie, à recourir à l'assistance d'une tierce personne, le montant de la rente calculée d'après les bases indiquées précédemment est majoré de 40 % ».

La détermination de la rente est identique pour les assurés du Code de Prévoyance Sociale que pour les fonctionnaires de l'Etat et des Collectivités Territoriales, les Militaires et les Parlementaires.

c. Les rentes des ayants droit en cas de décès

87. Les rentes dues aux ayants droit de la victime en cas de décès sont traitées dans l'article 126 du Code de Prévoyance Sociale du Mali.

En effet, la rente due aux survivants s'élève à 30% du salaire annuel de la victime, dans le cas du conjoint, 15% pour le premier enfant, 30% s'il y en deux, 40% s'il y en a trois, et ainsi de suite, la rente étant majorée d'un maximum de 10 % par enfant à charge et 10% pour chaque ascendant à charge.

Lorsque le travailleur décédé laisse plusieurs veuves, la rente viagère est partagée également entre elles. Ce partage n'est pas susceptible d'être ultérieurement modifié.

Le total des rentes ainsi allouées ne doit pas dépasser 30 % du salaire annuel de la victime si cette quotité est dépassée, la rente de chacun des ayants droit sera réduite proportionnellement.

88. Pour les assurés régis par la Loi N°2017-020 du 12 juin 2017, c'est-à-dire, les fonctionnaires, militaires et parlementaires, il est précisé que le conjoint survivant a droit à une rente de conjoint survivant égale à 50% de la rente d'incapacité dont bénéficiait ou aurait bénéficié l'assuré décédé (Article 52 de la Loi).

D'après cette loi, les veuves de l'assuré polygame ont droit à la rente de conjoint survivant par parts égales.

Il convient de relever également qu'aux termes de l'article 59 de cette loi, chaque orphelin jusqu'à l'âge de 18 ans, à une rente temporaire d'orphelin égale à 10% de la rente d'incapacité obtenue par l'assuré décédé ou qu'il aurait pu obtenir au jour de son décès, sans que le total des prestations attribuées au conjoint survivant et aux orphelins ne puissent excéder le montant de la rente d'incapacité.

S'il y a excédent, il est procédé à la réduction des rentes temporaires des orphelins.

90. L'article 38 du Décret N°2017-1001/P-RM du 20 décembre 2017 précise pour sa part que les rentes sont servies à titre provisoire pendant une durée de deux ans renouvelables deux fois au maximum.

Elles ne sont pas réversibles. Toutefois, lorsque l'assuré décède pendant cette période, la rente restante due est versée en une seule fois à ses ayants droit.

d. Le versement d'un capital

91. Le Code de Prévoyance Sociale du Mali permet à tout bénéficiaire de rente de la convertir en cas d'incapacité permanente en un capital versé sous la forme d'un paiement unique lorsque le degré d'incapacité est minime.

Ainsi, il résulte des dispositions de l'article 132 du Code de Prévoyance sociale que : « *Si le taux d'incapacité dépasse 10 % la rente allouée à la victime d'un accident du travail peut, à la demande du titulaire majeur après l'expiration d'un délai de cinq ans à compter du point de départ des arrérages, être remplacée en totalité ou en partie par un capital dans les conditions ci-après :*

- *si le taux d'incapacité ne dépasse pas 20 %, le rachat peut être opéré sur la totalité du capital correspondant à la valeur de la rente ;*

- *si le taux d'incapacité est supérieur à 20 % et ne dépasse pas 50 %, le rachat peut être opéré dans la limite au plus du quart du capital correspondant à la valeur de la rente ;*

- *si le taux d'incapacité dépasse 50 %, le rachat peut être opéré dans la limite au plus du quart du capital correspondant à la fraction de la rente allouée jusqu'à 50 %.*

La demande motivée du rachat total ou partiel doit être adressée au Directeur de l'Institut. La décision est prise par l'Institut après enquête et sur avis de l'Inspecteur du Travail du ressort ».

92. En ce qui concerne, les fonctionnaires, militaires et parlementaires, les dispositions combinées des article 27,28 et 29 du Décret N°2017-1001/P-RM du 20 décembre 2017 précisent que lorsque l'indemnité en capital a été versée et qu'un nouveau taux d'incapacité permanente est fixé, supérieur au taux précédemment notifié à la victime, il est tenu compte de l'indemnité en capital précédemment versée dans les conditions suivantes :

a) si le nouveau taux d'incapacité reste inférieur à 15%, la victime reçoit une indemnité en capital correspondant à ce nouveau taux, diminuée d'une somme égale à l'indemnité correspondant, à la date de la révision, à l'ancien taux ;

b) si le nouveau taux d'incapacité est au moins égal à 15 %, la rente due à la victime est calculée suivant les règles en vigueur ; les arrérages annuels de cette rente sont diminués de 30 % au plus, à concurrence d'une somme égale à la moitié de l'indemnité en capital précédemment versée.

Lorsque la rente versée à la victime d'un accident du travail a été partiellement remplacée par un capital et qu'un nouveau taux d'incapacité permanente est fixé pour la même personne, il est tenu compte du capital précédemment versé dans les conditions suivantes :

a) si le nouveau taux d'incapacité est inférieur à 15 %, la rente est remplacée par l'indemnité en capital ;

b) si le nouveau taux d'incapacité est au moins égal à 15 %, le montant de la rente due à la victime et correspondant à ce taux est diminué du montant de la fraction de la rente correspondant à l'ancien taux et qui a été précédemment remplacée par un capital.

Lorsqu'un nouveau taux d'incapacité permanente inférieur à 15 % est fixé pour une personne bénéficiaire d'une rente, cette rente est remplacée par l'indemnité en capital.

G. La déclaration et l'enquête

a. La déclaration

93. En application de l'article 71 du Code de Prévoyance Sociale du Mali, l'employeur est tenu de déclarer immédiatement ou au plus tard dans un délai de 48 heures tout accident de travail ou maladie professionnelle constaté dans l'entreprise.

Cette déclaration précise le lieu, la cause, les circonstances, les suites probables de l'accident, les noms, prénoms, âges, sexe et catégorie professionnelle de la victime, l'adresse de l'entreprise.

Elle est établie en quatre exemplaires sur les imprimés officiels délivrés par l'INPS à cet effet.

Dans les quarante-huit heures suivant l'accident, l'employeur est tenu d'adresser directement un exemplaire de la déclaration d'accident à l'Institut National de Prévoyance Sociale.

Deux exemplaires sont transmis par l'employeur dans les mêmes délais :

- à l'Inspection Régionale du Travail du ressort, si l'accident est survenu dans les limites du cercle où l'Inspection à son siège ;

- dans le cas contraire, au chef de la circonscription administrative qui retransmet un des deux exemplaires reçus à l'Inspection Régionale du Travail du ressort.

Le quatrième exemplaire est classé dans les archives de l'employeur et présentable à toute réquisition. En cas d'accident de trajet, la victime ou ses ayants droit sont tenus, sauf cas de force majeure, de prévenir l'employeur dans les 48 heures suivant l'accident.

La transmission par l'employeur des documents ci-dessus se fait, soit par dépôt manuel, contre récépissé, soit par envoi sous pli recommandé avec accusé de réception, le reçu délivré par la poste tenant lieu de récépissé.

Lorsque l'accident du travail est survenu hors de la République du Mali, le délai imparti à l'employeur pour faire la déclaration d'accident du travail ne commence à courir que du jour où il a été informé de l'accident.

94. Pour les assurés régis par la Loi N°2017-020 du 12 juin 2017, c'est-à-dire, les fonctionnaires, militaires et parlementaires, la lecture combinée des dispositions des articles 71, 72, 73, 74 et 75 de cette loi indiquent que l'employeur ou ses préposés est tenu de déclarer dans un délai de trois (3) jours ouvrables tout accident de travail survenu ou toute maladie professionnelle constatée dans sa structure.

Ce délai court à compter du jour de l'accident ou, en cas de force majeure, du jour où l'employeur en a eu connaissance.

En cas de défaillance de l'employeur, la déclaration peut être faite par la victime ou ses représentants jusqu'à l'expiration de la deuxième année suivant la date de l'accident, ou de la première constatation médicale professionnelle.

Les déclarations d'accident du travail et de maladie professionnelle sont faites sur un support imprimé fourni par la Caisse Malienne de Sécurité Sociale.

Pour les accidents du travail survenu à l'étranger, il convient de préciser que le délai imparti à l'employeur ou à ses préposés pour faire la déclaration commence à courir à partir du jour où il a été informé de l'accident. La déclaration de l'accident du travail peut être assortie de réserves motivées par le service employeur.

b. L'enquête

95. Il ressort des dispositions de l'article 76 et suivants du Code de Prévoyance Sociale du Mali que lorsque la blessure paraît devoir entraîner la mort ou une incapacité permanente absolue ou partielle du travail ou, lorsque la victime est décédée, l'Inspecteur du Travail ou le Chef de Circonscription Administrative à qui ont été adressés la déclaration et les certificats, procède sans délai à une enquête.

L'enquête vise notamment à établir la cause, la nature, les circonstances de temps et de lieu de l'accident et, éventuellement, l'existence d'une faute susceptible d'influer sur la réparation ainsi que les responsabilités encourues ; en cas d'accident de trajet, ces éléments doivent être particulièrement recherchés et notés avec soin en vue d'établir le cas échéant, les motifs qui auraient déterminé la victime à interrompre ou à se détourner de son trajet habituel[24].

L'Inspecteur Régional du Travail et le cas échéant, le contrôleur du travail est enquêteur d'office dans le Cercle où l'Inspection a son siège ; il peut, en cas d'empêchement, confier la responsabilité de l'enquête au Chef de la Circonscription Administrative.

Les Inspecteurs du Travail peuvent, dans le ressort de leur Inspection, effectuer eux-mêmes toute enquête qu'ils estiment utile et contrôler le déroulement de toute procédure concernant les maladies professionnelles ou les accidents du travail.

L'Institut National de Prévoyance Sociale peut également requérir une enquête dans tous les cas où il l'estime nécessaire.

Un expert peut être désigné par l'Inspecteur du Travail ou le Chef de circonscription administrative, soit d'office, soit à la demande de l'Institut, de la victime, de ses ayants droit ou de l'employeur.

---

[24] INPS, *Guide de l'assuré social : Accident du travail et Maladies Professionnelles*, page 7.

L'expert est adjoint à l'enquêteur et dresse en triple exemplaire un rapport qui est joint au procès-verbal d'enquête.

96. Pour les fonctionnaires, parlementaires et militaires, la Loi N°2017-020 du 12 juin 2017 précise dans son article 77 que lorsque d'après les certificats médicaux transmis à la Caisse Malienne de Sécurité Sociale (CMSS), les lésions ont entrainé une incapacité permanente absolue ou partielle de travail, ou lorsque la victime est décédée, la CMSS procède sans délai à une enquête par ses services et agents habilités.

Sur la procédure d'enquête de la CMSS, la lecture combinée des articles 19,20 et 21 du Décret N°2017-1001/P-RM du 20 décembre 2017, permet de relever qu'à la réception de la déclaration de l'accident, la CMSS procède à une enquête.

Dans ce cadre, un enquêteur est désigné qui est chargé :

- de soumettre un questionnaire à la victime et/ou à l'employeur portant sur les circonstances ou la cause de l'accident ;

- d'entendre la victime ou ses ayants droit, l'employeur ou toute personne utile dans le cadre de l'enquête.

Cette enquête peut être contradictoire et la victime peut se faire assister par la personne de son choix.

Les résultats de l'enquête font l'objet d'un procès-verbal de notification aux parties qui peuvent émettre des réserves ou refuser de signer. Dans ce cas, les réserves émises ou le refus de signer seront mentionnés au bas du procès-verbal.

H. La faute intentionnelle et la faute inexcusable

97. En principe, l'application de la législation sur les accidents du travail et maladies professionnelles exclut l'application du droit commun de la responsabilité entre la victime et l'employeur ou ses préposés. La recherche d'une grande équité a imposé cependant des limites à cette exclusion : la faute intentionnelle ou la faute inexcusable modifient les données du problème[25].

1. La faute intentionnelle

98. La faute intentionnelle peut être le fait soit de la victime de l'accident, soit de l'employeur.

Si l'accident résulte d'une faute intentionnelle de la victime, en application de l'article 67 du code de Prévoyance Sociale du Mali, cet accident ne donne lieu à aucune réparation au titre de la législation sur les accidents du travail.

Lorsque l'accident est dû à une faute intentionnelle de l'employeur ou de l'un de ses préposés, la victime ou ses ayants droit conservent contre l'auteur de l'accident, le droit de demander réparation du préjudice causé, conformément aux règles de droit commun en application des article 83 de la Loi N°2017-020 du 12 juin 2017 et 68 du Code de Prévoyance Sociale du Mali.

La victime s'adresse à l'organisme de sécurité sociale au lieu de poursuivre uniquement le responsable sur la base de l'article 125 de la Loi N°087-31/ANRM du 29 août 1987 portant Régime Général des Obligations au Mali.

En application de l'article 69 du Code de Prévoyance Sociale, si l'accident est causé par une personne autre que

---

[25] Michel Borgetto, Robert Lafore, *Droit de la Sécurité Sociale* ,20e éd, Dalloz, 2024,p.800

l'employeur ou ses préposés, la victime ou ses ayants droit conservent contre l'auteur de l'accident le droit de demander réparation du préjudice causé, conformément aux règles du droit commun

L'organisme de sécurité sociale dispose d'une action (action récursoire) contre l'auteur de la faute à l'effet d'obtenir le remboursement des prestations versées.

2. La faute inexcusable

99. La faute inexcusable peut être le fait du salarié victime d'accident du travail, soit de l'employeur ou de son préposé, la faute de ce dernier s'assimilant intégralement à celle de l'employeur[26].

Selon la Cour de cassation française, la faute inexcusable du salarié : « *présente un tel caractère de la faute volontaire du salarié, d'une exceptionnelle gravité, exposant sans raison valable son auteur à un danger dont il aurait dû avoir conscience* »[27]. Par exemple, le fait pour le salarié de ne pas porter les équipements de protection (Chaussures de sécurités, gants, casque, lunettes de protection, protection auditives, harnais de sécurité, Gilet de signalisation…) alors que la règlementation applicable sur le lieu de travail l'exige peut constituer une faute inexcusable pour ce dernier.

S'agissant de la faute inexcusable de l'employeur, la Cour de cassation française indique en effet que : « *en vertu du contrat de travail le liant à son salarié, l'employeur est tenu envers celui-ci d'une obligation de sécurité de*

---

[26] Op. cit 24, p.802

[27] Civ.2e , 22 janv.2004, Bull.civ.II, n)25: Cass. Plén., 24 juin 2005, JCP S 2005.1056 et JCP E 2005.1201, note P. Morvan

résultat »[28] et que le manquement à cette obligation a le caractère d'une faute inexcusable lorsque l'employeur avait ou aurait dû avoir conscience du danger auquel était exposé le salarié et qu'il n'a pas pris les mesures nécessaires pour l'en préserver.

Opérant une évolution importante, la Cour de cassation française est passée en 2020 à une conception élargie du fondement de la faute inexcusable en la faisant reposer non plus sur les obligations contractuelles de sécurité liant l'employeur à son salarié mais sur les obligations légales de sécurité imposées par le code du travail français à travers les articles L 4121-1 et L.4121-2 du Code du travail français. La définition retenue par la Cour de cassation française est la suivante : « *le manquement à l'obligation légale de sécurité et de protection de la santé à laquelle est tenu l'employeur envers le travailleur a le caractère d'une faute inexcusable lorsque l'employeur avait ou aurait dû avoir conscience du danger auquel était exposé le salarié et qu'il n'a pas pris les mesures nécessaires pour le préserver* ».[29]

100. Par ailleurs, il ressort de la lecture combinée des dispositions des articles 67 et 68 du Code de Prévoyance Sociale du Mali que lors de la fixation de la rente, si l'Institut (INPS) estime que l'accident est dû à une faute inexcusable de la victime, il peut demander au Tribunal du Travail compétent de diminuer la rente.

Lorsque l'accident est dû à une faute inexcusable de l'employeur ou de ses préposés, les indemnités dues à la

---

[28] Soc.28 févr.2002, A Lyon-Caen, une révolution dans le droit des AT, Dr.soc.2002. 445 et p.533 note R. Vatinet ; M.Babin, N.Pichon, Obligation de sécurité et faute inexcusable de l'employeur, Dr.soc.828

[29] Civ.2e ,8 oct.2020, n°18-25.021 et 18-26.677

victime ou ses ayants droit, en vertu du présent Code, sont majorées.

Le montant de la majoration est fixé par le Tribunal du Travail compétent, sans que la rente ou le total des rentes allouées puisse dépasser soit la faction du salaire annuel correspondant à la réduction de capacité, soit le montant de ce salaire. La majoration est payée par l'Institut qui en récupère le montant au moyen d'une cotisation supplémentaire imposée à l'employeur.

Il est interdit à l'employeur de se garantir par une assurance contre les conséquences de la faute inexcusable. L'auteur de la faute inexcusable en est responsable sur son patrimoine personnel.

I. La prescription

101. Le Code de Prévoyance Sociale du Mali, sauf erreur de notre part, reste muet sur la prescription des actions en indemnisation des accidents du travail et des maladies professionnelles déclarées auprès de l'INPS.

Nous serions tentés d'aligner cette prescription en une prescription de l'action en paiement de salaire de trois ans dans la mesure où l'assiette des cotisations repose sur les salaires principalement et les autres éléments de rémunération.

En effet, l'Article L.118 nouveau du Code du travail dispose que : « *L'action en paiement du salaire, des accessoires de salaires, ou de toute autre somme due en raison du travail, la fourniture des prestations en nature et éventuellement leur remboursement, se prescrivent par trois ans* ».

Pour les assurés régis par la Loi N°2017-020 du 12 juin 2017, c'est-à-dire, les fonctionnaires, militaires et parlementaire, les dispositions de l'article 89 indiquent que :

« *Les actions en indemnisation des accidents du travail et des maladies professionnelles déclarées, prévues par la présente loi se prescrivent par :*

- *quatre ans à partir de la date de la consolidation de la blessure ou de la guérison apparente de la maladie pour la victime ;*
- *cinq ans à partir de la date du décès pour les ayants droit* ».

Section 3 : Les prestations familiales

Paragraphe 1 : Le concept de prestations familiales

102. Les prestations familiales constituent la branche « famille » de la sécurité sociale.

Le régime des Prestations Familiales au Mali vise à améliorer les conditions de vie et d'éducation des enfants des travailleurs. Il comprend diverses prestations telles que les prestations en nature de l'action sanitaire et sociale, la prime de premier établissement, l'aide à la mère et aux nourrissons sous forme d'allocations prénatales et d'allocations de maternité, les indemnités journalières pour les femmes salariées, les allocations familiales, et le congé de maternité. Les conditions d'attribution de ces prestations sont définies par le Code de prévoyance sociale, notamment en ce qui concerne l'activité exercée, les enfants à charge, et la résidence.

Paragraphe 2 : Les conditions d'octroi des prestations familiales

103. Les conditions sont détaillées dans les articles 6 à 10 du Livre 2 du Code de prévoyance sociale du Mali. Elles sont les suivantes.

1. **Activité de service :** Le travailleur doit exercer une activité de service depuis au moins neuf mois consécutifs chez un ou plusieurs employeurs. Seuls les mois où le salarié a travaillé au moins 18 jours ou 120 heures sont comptés.

2. **Rémunération :** La rémunération de l'activité doit être au moins égale au salaire minimum interprofessionnel garanti, sauf pour les apprentis liés par contrat.

3. **Enfants à charge :** Les prestations familiales sont attribuées pour les enfants déclarés à l'état civil et effectivement à la charge du bénéficiaire. Un enfant est considéré à charge si la personne assume les frais de naissance, d'entretien, de nourriture et d'éducation.

4. **Résidence :** L'allocataire et ses enfants doivent résider dans la République du Mali. Toutefois, les travailleurs dont les enfants résident à l'étranger peuvent bénéficier des prestations familiales sous certaines conditions, notamment la conclusion d'une convention entre l'Institut du Mali et les organismes de gestion des prestations familiales du lieu de résidence des enfants.

Paragraphe 3 : Les différentes sortes de prestations familiales

104. Le Code de Prévoyance Sociale prévoit différentes sortes de prestations sociales qui sont destinées à améliorer les conditions de vie des familles des travailleurs et sont régies par les articles 5 à 35 du Livre 2 dudit Code.

1. **Prestations en nature de l'action sanitaire et sociale**

Elles visent à améliorer les conditions de vie et d'éducation des enfants.

Ces prestations sont versées aux travailleurs visés à l'article 2 du Code de prévoyance sociale.

2. **Prime de premier établissement**

Cette allocation permet au travailleur d'acquérir l'équipement nécessaire à son ménage. Elle est versée en une seule fois sur présentation de l'acte de mariage contracté devant l'officier de l'état civil en application des dispositions des articles 12 et 13 du Code de Prévoyance Sociale.

3. **Allocations prénatales**

Elles sont destinées à généraliser la surveillance médicale des grossesses et à assurer aux futures mères de meilleures conditions d'hygiène et de santé.

Elles sont octroyées à toute femme salariée ou conjointe d'un travailleur salarié dès la déclaration de grossesse accompagnée d'un certificat médical dans les 3 premiers mois de la grossesse (Articles. 14-17 du Code de Prévoyance Sociale).

4. **Allocations de maternité**

Elles sont attribuées pour généraliser la surveillance médicale de l'accouchement et des premiers mois du nourrisson. Elles sont ouvertes à toute femme salariée ou conjointe d'un travailleur salarié qui donne naissance sous contrôle médical à un enfant né viable et déclaré à l'état civil (Articles. 18-21 du Code de Prévoyance Sociale).

5. Allocations familiales

Elles visent à encourager la surveillance médicale systématique des enfants et la fréquentation scolaire. Elles sont attribuées pour chaque enfant à charge âgé de plus d'un an et de moins de 14 ans, inscrit dans un établissement scolaire et assistant régulièrement aux cours. L'âge limite est porté à 18 ans pour les enfants en apprentissage et à 21 ans pour ceux poursuivant leurs études ou atteints d'infirmité (Articles. 22-27 du Code de Prévoyance Sociale).

6. Indemnité journalière des femmes salariées en état de grossesse

Ces indemnités ont pour but de favoriser le repos prénatal et postnatal. Elles sont versées pendant la période de congé de maternité de 14 semaines, à condition que la femme salariée justifie de sa qualité de salariée, fasse constater son état par un médecin ou une sage-femme, suspende effectivement l'exercice de sa profession, et justifie du salaire effectivement reçu lors de la cessation du travail (Articles. 28-32 du Code de Prévoyance Sociale).

7. Congé de naissance

Tout chef de famille salarié a droit à un congé de 3 jours à l'occasion de chaque naissance d'enfant né viable survenue à son foyer. Les jours de congé peuvent être consécutifs ou non, mais doivent être compris dans une période de 15 jours incluant la date de naissance (Articles. 33-35 du Code de Prévoyance Sociale).

Section 4 : La vieillesse – l'Invalidité – le décès-survivants

105. Le régime d'assurance vieillesse, invalidité et allocation de survivant au Mali s'applique à tous les travailleurs visés à l'article 2 du Code de Prévoyance Sociale.

Paragraphe 1 : Les prestations de vieillesse

106. Une pension de retraite est garantie à l'assuré ayant atteint 53 ans et comptant un minimum de 13 années d'activités salariées ayant donné lieu à cotisation[30].

L'âge de liquidation de l'allocation de retraite est fixé à 58 ans, avec possibilité de liquidation anticipée entre 53 et 55 ans avec un abattement de 5 % par année d'anticipation. Les assurés ayant atteint 55 ans peuvent demander la liquidation sans abattement[31].

En cas d'invalidité, une pension est octroyée au travailleur ayant au moins 8 ans d'assurance et reconnu médicalement inapte[32].

Les pensions de retraite sont payées mensuellement à terme échu et sont cessibles et saisissables dans les mêmes conditions que le salaire[33].

Les travailleurs étrangers peuvent bénéficier d'une retraite proportionnelle ou du remboursement de leurs cotisations personnelles sous certaines conditions[34].

107. Les conditions d'octroi de la pension de retraite au Mali sont les suivantes.

---

[30] Article 143 du Code de Prévoyance Sociale du Mali
[31] Article 144 du Code de Prévoyance Sociale du Mali
[32] Article 148 du Code de Prévoyance Sociale du Mali
[33] Article 158 du Code de Prévoyance Sociale du Mali
[34] Le travailleur étranger dont le pays a signé des accords de réciprocité avec le Mali peut bénéficier d'une retraite proportionnelle à ses cotisations en application de l'article 160 du Code de Prévoyance Sociale du Mali.

1. Âge et Durée de Cotisation

L'assuré doit avoir atteint l'âge de 58 ans pour la liquidation normale de la pension de retraite.

Une pension de retraite est garantie à l'assuré ayant atteint 53 ans et comptant un minimum de 13 années d'activités salariées ayant donné lieu à cotisation.

La pension de retraite normale est calculée en tenant compte de trois paramètres[35] :

- La rémunération mensuelle moyenne (RMM) des rémunérations soumises à cotisation au cours huit dernières années d'activité ;

- Le taux d'annuité (TA) qui est fixé à 2% ;

- Le nombre d'années d'activité salariée ayant donné lieu à cotisation ou années ou durée d'assurance (DA).

Ainsi, le montant de la pension de retraite normale ou la pension principale (PP) s'obtient en appliquant la formule suivante :

PP = RMM x TA x DA

Toutefois, il est essentiel de souligner que la Loi N°12019-025 du 5 juillet 2019 a modifié certaines dispositions du Code du travail pour fixer l'âge de départ à la retraite à 65, 62 et 58 ans selon la catégorie professionnelle du travailleur pour les établissements publics (EPA, EPSTC, EPH, EPS, EPIC).

Pour les travailleurs contractuels de l'Etat et des collectivités locales, c'est 60 ans pour la catégorie A et 58 ans pour les catégories B, C, D et E. Pour les travailleurs du

---

[35] INPS, *Guide de l'Assuré Social*, Assurance vieillesse, Invalidité et Allocation de Survivants, p.3.

secteur privé, classés à la catégorie A ou équivalent, c'est l'âge de 60 ans mais les relations pourront se poursuivre d'accord parties, pendant une période qui ne pourra dépasser l'âge de 62 ans du travailleur.

Pour les travailleurs du secteur privé, classés aux catégories B, C, D et E, les relations pourront se poursuivre d'accord parties, pendant une durée qui ne pourra dépasser l'âge de 60 du travailleur.

Par ailleurs, la Loi N°12019-025 du 5 juillet 2019 précise également que les travailleurs des EPA et des EPIC ayant atteint l'âge de 59, 56 et 55 ans respectivement pour les catégories A et B, C, D, et E peuvent demander la liquidation de leur pension de retraite.

En outre, les travailleurs du secteur privé et les contractuels de l'Etat et des collectivités territoriales ayant atteint l'âge de 57 ans pour la catégorie A, et 55 ans pour les autres catégories (B,C, D, E), peuvent également demander la liquidation de leur retraite.

2. Liquidation Anticipée

Les assurés peuvent demander la liquidation de leur pension entre 53 et 55 ans avec un abattement de 5 % par année d'anticipation[36]. Pour cette liquidation anticipée, les assurés doivent avoir au moins 13 années d'activité salariée ayant donné lieu à cotisation.

Les assurés ayant atteint l'âge de 55 ans révolus peuvent demander la liquidation de leur pension de retraite anticipée sans abattement[37]. La pension de retraite anticipée est calculée en tenant compte des cinq éléments suivants[38] :

---

[36] Article 144 du Code de Prévoyance Sociale du Mali

[37] Op. Cit.35

[38] Op. Cit. 34. p.4

- La rémunération mensuelle moyenne (RMM) des rémunérations soumises à cotisation au cours des huit dernières années d'activité ;

- Le taux d'annuité (TA) qui est fixé à 2% ;

- Le nombre d'années d'activité salariée ayant donné lieu à cotisation ou années ou durée d'assurance (DA) ;

- Le taux d'abattement (Tab) qui est fixé par la loi ;

- Le nombre d'année d'anticipation (NAA).

Le montant de la pension de retraite anticipée ou pension principale (PP) s'obtient en appliquant la formule suivante :

PP = (RMM x TA x DA) – (Tab x NAA).

3. Inaptitude au Travail

L'âge de 58 ans est abaissé sans abattement à 53 ans pour les assurés reconnus médicalement inaptes au travail[39]. Les modalités de constatation et du contrôle de cette inaptitude sont fixées par un arrêté du Ministre chargé du travail.

Ces assurés doivent avoir accompli au moins 13 années d'activité salariée ayant donné lieu à cotisation et être reconnu inapte au travail par un médecin. Le mode de calcul de cette pension pour inaptitude est le même que pour une pension normale.

Les paramètres suivants sont pris en compte :

- La rémunération mensuelle moyenne (RMM) des rémunérations soumises à cotisation au cours des huit dernières années d'activité ;

---

[39] Article 145 du Code de Prévoyance Sociale du Mali

- Le taux d'annuité (TA) qui est fixé à 2% ;

- Le nombre d'année d'activité salariée ayant donné lieu à cotisation ou années ou durée d'assurance (DA).

Ainsi, le montant de la pension de retraite anticipée pour raison de santé (pension principale PP) s'obtient en appliquant la formule suivante :

PP = RMM x TA x DA.

4. Demande de Pension

La pension prend effet le premier jour du mois civil suivant la date de cessation d'activité, à condition que la demande de pension ait été adressée à l'INPS dans les six mois suivant cette date[40].

Si la demande est introduite après ce délai, la pension prend effet le premier jour du mois civil suivant la date de réception de la demande.

5. Allocation Uniforme ou Allocation de Solidarité

L'assuré qui a accompli au moins six ans d'assurance et qui, ayant atteint l'âge de 53 ans, cesse toute activité salariée sans satisfaire aux conditions requises pour une pension de retraite, reçoit une allocation uniforme égale au minimum prévu à l'article 156 alinéa 3 du Code de Prévoyance Sociale.

L'allocation de solidarité est calculée en tenant compte des paramètres suivants :

- Le salaire minimum interprofessionnel garanti (SMIG) multiplié par le coefficient 2 ;

- Le taux d'annuité (TA) qui est fixé à 2% ;

---

[40] Article 146 Code de Prévoyance Sociale du Mali

- La durée minimale d'assurance (DMA).

Le montant de l'allocation de solidarité (AS) est calculé comme suit :

AS = SMIG x2 x TA x DMA.

Les conditions rappelées ci-dessus permettent aux travailleurs de bénéficier d'une pension de retraite en fonction de leur âge, de leur durée de cotisation, et de leur état de santé.

Paragraphe 2 : Les prestations d'invalidité

A. Conditions d'ouverture des droits

108. En application des dispositions combinées des articles 147 et 148 du Code de Prévoyance Sociale du Mali une pension d'invalidité est octroyée au travailleur qui accomplit au moins huit ans d'assurance et qui est frappé d'incapacité.

L'assuré est considéré comme invalide par suite de maladie ou d'accident d'origine non professionnelle, subit de ce fait une diminution de ses capacités physiques ou mentales le rendant incapable de gagner plus d'un tiers de la rémunération qu'un travailleur ayant la même formation peut se procurer par son travail.

B. Liquidation de la pension d'invalidité

109. La pension d'invalidité prend effet à la date de consolidation de la lésion ou déstabilisation de l'état de l'assuré ou à l'expiration d'une période de six mois consécutifs à l'incapacité qui, suivant l'avis du Médecin devrait durer six autres mois au moins.

La pension d'invalidité est allouée à titre temporaire et peut être révisée lorsque le bénéficiaire recouvre une partie de ses facultés physiques ou mentales lui permettant d'exercer une activité salariale. Elle est supprimée à l'âge de cinquante-trois ans pour être remplacée par une pension de retraite sans abattement.

La pension d'invalidité est calculée sur la base des éléments suivants :

- La rémunération mensuelle moyenne (RMM) des rémunérations soumises à cotisation au cours des huit dernières années d'activité ;

- Le taux d'annuité (TA) qui est fixé à 2% ;

- Le nombre d'années d'activité salariée ayant donné lieu à cotisation ou années ou durée d'assurance (DA) ;

- Le nombre d'années comprises entre l'âge de 53 ans et l'âge effectif de l'invalide à raison d'un semestre par an ou durée d'assurance assimilée (DAA).

Le montant de la pension d'invalidité ou pension principale (PP) s'obtient en appliquant la formule suivante :

PP = RMM x TA x (DA + DAA).

Paragraphe 3 : Les prestations de survivance

A. La pension de survivant

110. Les survivants du titulaire d'une pension de retraite ou d'invalidité, ou d'une pension anticipée, ainsi qu'en cas de décès d'un assuré qui remplissait les conditions requises pour bénéficier d'une pension de retraite, ou d'invalidité, ont droit à une pension de survivant.

Sont considérés comme survivants ouvrant droit à la pension :

- la veuve ou le veuf à condition que le mariage ait été contracté deux ans au moins avant le décès de l'assuré ;

- les enfants à la charge du décédé tels qu'ils sont définis au titre des prestations familiales.

Les pensions de survivants sont calculées en pourcentage de la pension de retraite ou d'invalidité ou de la pension anticipée à laquelle l'assuré avait ou aurait eu droit à la date de son décès à raison de :

- 50 % pour la veuve ou le veuf. En cas de pluralité de veuves le montant est reparti entre elles à parts égales ;

- 10 % pour chaque orphelin sans que le total dépasse 50 % de la pension à laquelle l'assuré avait ou aurait eu droit. Si le nombre d'orphelins dépasse cinq, ledit montant est réparti entre les enfants à parts égales.

Le montant des pensions de survivant s'obtient en appliquant à la pension principale (PP) du défunt les formules suivantes :

Pension de conjoint survivant = PP x 50%

Pension d'orphelin = PP x 10%

En aucun cas, le montant de la pension d'orphelin ne peut être inférieur à celui des allocations familiales.

B. L'allocation de survivant

111. L'allocation de survivant est accordée aux survivants de l'assuré qui compte moins de treize ans d'assurance à la date de son décès. Cette allocation est versée en une seule fois.

Le montant de l'allocation de survivant est égal à la pension de retraite à laquelle l'assuré aurait pu prétendre au titre de 156 mois d'assurance. Chaque mensualité est égale à six mois d'assurance à la date de son décès.

En cas de pluralité des veuves, le montant est réparti au prorata du nombre des survivants.

L'allocation de survivants est calculée sur la base des éléments suivants :

- La rémunération mensuelle moyenne (RMMaa) des années d'activité ;

- Le taux d'annuité (TA) qui est fixé à 2% ;

- Le nombre minimal d'années d'activité salariée ayant donné lieu à cotisation pour avoir une pension ou durée d'assurance minimale (DA) de 13 ans ;

- Le nombre d'années d'activité salariée ayant donné lieu à cotisation converti en semestres (SA)

Ainsi, le montant de l'allocation de survivants, qui se répartit de la même manière que les pensions de survivants, s'obtient en appliquant la formule suivante :

AS = RMMaa x DA x TA x SA

Chapitre 2 :
L'Organisation administrative du régime malien de sécurité sociale

Section 1 : L'Institut National de Prévoyance Sociale (INPS)[41]

Paragraphe 1 : Présentation et mission de l'INPS

112. L'Institut National de Prévoyance Sociale (I.N.P.S) est l'organisme de sécurité sociale du Mali de droit commun, c'est-à-dire le régime général. C'est un établissement public à caractère administratif placé sous la tutelle du ministère de la Santé et du Développement Social.

L'I.N.P. S assure la protection sociale des travailleurs salariés, des travailleurs indépendants ainsi que les membres non-salariés des professions libérales, artisanales commerciales et industrielles contre certains risques qui sont: les charges de famille, les accidents de travail et les maladies professionnelles, la vieillesse, l'invalidité et le décès.

113. Les missions de l'INPS se résument notamment à :

• recouvrir les cotisations sociales assises sur les salaires des travailleurs et les revenus des non salariés;

• payer les différentes prestations prévues par le Code de Prévoyance Sociale au titre des prestations familiales, des accidents de travail et des maladies professionnelles, et de l'assurance vieillesse invalidité et allocation de survivants.

Les cotisations sont assises sur l'ensemble des rémunérations, salaires ou gains perçus par les travailleurs

---

[41] https://inps.site/

des secteurs privés et parapublics. Les taux de cotisations sont fixés ainsi qu'il suit :

- ATMP : 1 à 4% (employeur) ;
- Retraite : 7% dont 3,6% à la charge du salarié et 3,4% à la charge de l'employeur ;
- Invalidité – allocation de survivant : 2% (employeur) ;
- Prestations Familiales : 8% (employeur) ;
- Assurance Maladie Obligatoire : 6,56% dont 3,50% à la charge de l'employeur et 3,06 à la charge du salarié.

Paragraphe 2 : Organisation et fonctionnement de l'INPS

114. L'Institut National de Prévoyance sociale est placé sous la tutelle du ministre de la Santé du Développement Social (MSDS). Les textes de base précisant l'organisation et le fonctionnement de l'INPS sont :

– la Loi 0I N° 90 – 110 /1N-RM du 18 octobre 1990 portant principes fondamentaux de la création, de l'organisation et du fonctionnement des établissements publics à caractère administratif
– la Loi No96-004 du 26 janvier 1996 portant création de l'Institut National de Prévoyance Sociale ;
– le Décret No96-049/P-RM du 14 février 1996 fixant l'organisation et les modalités de fonctionnement de l'Institut National de Prévoyance Sociale ;
– la Délibération No13-023/CA-INPS du 27 décembre 2013 portant réorganisation des services de l'Institut National de Prévoyance Sociale.

Les organes d'administration et de gestion de l'INPS sont les suivants :

- le Conseil d'Administration,
- la Direction Générale,
- le Comité de Gestion,

Le Conseil d'Administration est chargé de définir les grandes orientations de la gestion de l'Institut et d'en contrôler les résultats. Il se compose des représentants des pouvoirs publics, des employeurs, des travailleurs, des usagers et d'un représentant du personnel de l'Institut. La Direction Générale de l'INPS est composée du Directeur Général assisté d'un Directeur Général Adjoint (DGA) et d'un Agent Comptable (AC).La Direction Générale de l'INPS est composée du Directeur Général assisté d'un Directeur Général Adjoint (DGA) et d'un Agent Comptable (AC).

Le Directeur Général (DG) est nommé par décret pris en Conseil des ministres sur proposition du Ministre de tutelle. Le Directeur Général est investi des pouvoirs les plus larges pour engager et représenter l'Institut auprès des tiers. Il agit sous le contrôle du C.A. Selon l'article 8 du décret N° 96 049 /P- RM le DG est chargé de l'application des Lois et Règlements relatifs à la mission de l'Institut. Il dirige, coordonne et anime l'activité de l'ensemble des services.

Le Directeur Général reçoit par délégation certains pouvoirs du Conseil d'Administration.

Au terme de l'article 21 de la Loi N° 90 – 110 /AN RM « *Le Comité de Gestion est un organe consultatif chargé d'assister le Directeur Général dans ses tâches de gestion* ».

Le Comité de Gestion a le droit d'évoquer toute question touchant à l'organisation, la gestion et la marche générale de l'Institut.

Section 2 : La Caisse Nationale d'Assurance Maladie (CNAM)

Paragraphe 1 : Présentation et mission de la CANAM[42]

115. La Caisse Nationale d'Assurance Maladie est un établissement public à caractère administratif (EPA) créé par la Loi N°09- 016 du 26 juin 2009. La Caisse Nationale d'Assurance Maladie a pour mission la gestion du régime d'assurance maladie obligatoire institué par la Loi N°09-015 du 26 juin 2009. A ce titre, elle est chargée notamment de :

- l'encaissement des cotisations du régime d'Assurance Maladie Obligatoire ;

- l'immatriculation des employeurs et des assurés et la mise à jour des droits des bénéficiaires ;

- la passation des conventions avec les formations de soins et le suivi de leur déroulement ;

- l'établissement des statistiques de l'Assurance Maladie Obligatoire.

116. La Caisse Nationale d'Assurance Maladie, dans la réalisation de sa mission, s'appuie, au moyen d'une convention réglementaire de délégation de gestion, sur des organismes gestionnaires délégués qui sont l'Institut National de Prévoyance Sociale (INPS) et la Caisse Malienne de Sécurité Sociale (CMSS).

A cet égard, la Caisse Nationale d'Assurance Maladie procède à :

---

[42] https://rsu.gouv.ml/portail/canam/#1542294716323-696ee781-ea86

- l'allocation aux organismes gestionnaires délégués des dotations de gestion couvrant leurs dépenses techniques et de gestion courante ;

- l'appui aux organismes gestionnaires délégués et le contrôle de leurs activités ;

- le contrôle de la validité des prestations soumises à la prise en charge de l'Assurance Maladie obligatoire ;

- la consolidation des comptes des organismes gestionnaires délégués.

La Caisse Nationale d'Assurance Maladie, par dérogation à certains principes fondamentaux des établissements publics à caractère administratif (EPA), est administrée par un Conseil d'Administration composé de 18 membres et présidé alternativement par un représentant des travailleurs ou des employeurs élu en son sein. La première vice-présidence est assurée par le représentant des pouvoirs publics en l'occurrence le représentant de l'autorité de tutelle à savoir le Ministère chargé de la Protection Sociale.

Paragraphe 2 : Organisation et fonctionnement de la CANAM

117. L'organisation et les modalités de fonctionnement de la Caisse Nationale d'Assurance Maladie sont fixées par le Décret N°09-553/P-RM du 12 octobre 2009.

Le Conseil d'Administration a fixé par sa Délibération N°0001 du 28 juin 2013 le détail de l'organisation de la Caisse Nationale d'Assurance Maladie comme suit :

- une Direction Générale dirigée par un Directeur Général assisté d'un Directeur Général Adjoint, d'un ou plusieurs Conseillers Techniques, d'un ou plusieurs chargés de Mission, d'un Secrétariat Particulier avec un bureau d'accueil et d'information et d'un chargé du Protocole

- quatre Services Rattachés à la Direction Générale : Audit, Actuariat et Gestion Stratégique, Juridique et Contentieux, Communication et Relations Publiques ;

- cinq Direction Centrales : Appui aux Organismes Gestionnaires Délégués, Organisation et Contrôle de la Qualité des Soins, Systèmes d'information, Budget, Contrôle de Gestion et Organisation/Qualité, Administration et Gestion des Ressources Humaines.

Le régime d'assurance maladie obligatoire est financé par des cotisations dont les taux sont fixés par le Décret N°578/P-RM du 26 octobre 2010 qui précise que les cotisations sont constituées de l'ensemble des contributions salariales et patronales assises sur un pourcentage du salaire et autres traitements du fonctionnaire civil, militaire, du parlementaire, du travailleur salarié et des assurés volontaires.

Les taux de cotisation de l'AMO sont les suivants :

- les personnels en activité (fonctionnaire civil ou militaire, parlementaire, salarié) : 3,06%
- l'Etat ou la Collectivité Territoriale : 4,48%
- les employeurs du secteur privé : 3,50%
- les pensionnés : 0,75%
- les assurés volontaires : 6,56%

La Caisse Nationale d'Assurance Maladie, mise en place depuis 2010 et après une période d'observation a intégré le portefeuille des Organisme de Prévoyance Sociale de la CIPRES lors de la 19ème session ordinaire du Conseil des Ministres de Tutelle de la Conférence.

Section 3 : La Caisse Malienne de Sécurité Sociale (CMSS)

Paragraphe 1 : Présentation et mission de la CMSS[43]

118. La caisse Malienne de Sécurité Sociale est un Etablissement Public National à caractère Administratif créé par la loi no 10-394/PRM du 26 Juillet 2010. Le décret no 10-394/PRM fixe ses modalités d'organisation et de fonctionnement.

Cette nouvelle dénomination de l'ex-Caisse des Retraités du Mali est consécutive aux différentes réformes engagées dans le cadre de l'extension de la protection sociale.

En effet, ces réformes permettent de prendre en charge d'autres missions en plus de la retraite telle que la gestion déléguée de l'Assurance Maladie Obligatoire et toute autre branche dont la gestion lui est confiée par l'Etat.

La CMSS est membre de la Conférence Interafricaine de Prévoyance Sociale (CIPRES) depuis février 2016. La CIPRES a pour mission de :

- Fixer les règles communes de gestion.
- Instituer un contrôle de la gestion des organismes de prévoyance sociale.
- Harmoniser les dispositions législatives et réglementaires applicables aux organismes et régimes.
- Assurer une politique de formation initiale et permanente des cadres et techniciens.

---

[43] https://cmss.ml/

119. Les missions assignées à la CMSS par la loi no 10-029/AN-RM du 12 Juillet 2010 sont les suivants :

• l'encaissement des cotisations des différents régimes

• la concession des droits des bénéficiaires des différents régimes

• le service de prestation aux bénéficiaires de tout autre régime ou branche géré par la CMSS

• la régularisation des droits à pensions des différents bénéficiaires

Dans le cadre de la gestion déléguée de l'AMO, la CMSS est chargée de :

• préparer l'immatriculation des affiliés (Pré-immatriculation) ;

• recouvrer et reverser à la CANAM les cotisations de l'Assurance Maladie Obligatoire ;

• permettre l'attestation des droits des bénéficiaires auprès des formations conventionnées ;

• payer les prestataires de soins conventionnés dans le cadre de l'Assurance Maladie Obligatoire pour les services rendus aux bénéficiaires ;

• établir les statistiques et les données financières et comptables correspondant à leurs activités de gestion.

Par ailleurs, la CMSS gèrent les régimes suivants :

• le régime de pensions des fonctionnaires civils ;

• le régime général de pensions militaires et d'invalidité ;

• le régime d retraite parlementaire des députés ;

• le régime de l'Assurance Maladie Obligatoire par délégation ;

• le régime des accidents de travail et maladie professionnelle.

Les taux de cotisation sont fixés comme suit :

PENSION

Fonctionnaires civil et militaire : **part salariale : 4%, part patronale ; 8%**

Parlementaire : **part salariale ; 8%, part patronale : 16%**

AMO

Salarié en activité : **3.06%**

Employeur : **4.48%**

Pensionné : 0.75%

Les différents régimes de pensions de la CMSS comportent chacun la branche vieillesse, invalidité et décès et la branche prestations familiales.

Les pensions servies sont les suivantes :

- la pension de retraite ;

- la solde de réforme (Article 50 Loi N°2018-053 portant Code des pensions des fonctionnaires, militaires et des parlementaires) ;

- la pension d'invalidité ;

- les allocations familiales ;

- la majoration pour famille nombreuse ;
- la pension de réversion veuve ;
- la pension temporaire d'orphelin ;
- la pension d'ascendant pour militaires.

Paragraphe 2 : Organisation et fonctionnement de la CMSS

120. Le Décret n°10-394/PRM du 26 juillet 2010 fixe les modalités d'organisation et de fonctionnement de la CMSS. Il est complété en cela par la Décision n° 2022-1022/ MSDS-SG du 20 avril 2022. Elle est placée sous la tutelle du ministère de la Santé et du Développement Social.

Les organes d'administration et de gestion de la CMSS sont :

- Le Conseil d'Administration
- La Direction Générale de la CMSS
- Le comité de Gestion

La CMSS est représentée :

Au niveau central : par une Direction Générale comportant des Sous-Directions et en Staff un Bureau Accueil et Orientation, les conseillers de direction, la cellule de communication, le bureau d protocole, les Services Audit Interne et Informatique.

Au niveau Régional et du district de Bamako : par des Directions Régionales (09).

Au niveau Subrégional : par des centres de paiement (44) dans tous les cercles (sauf ceux de Kidal) et les communes du District de Bamako.

Section 4 : L'Agence Nationale d'Assistance Médicale (ANAM)[44]

Paragraphe 1 : Présentation et Mission de l'ANAM

121. L'Agence Nationale d'Assistance Médicale « ANAM » est un Etablissement Public National à Caractère Administratif doté de la personnalité morale et de l'autonomie financière créée par la loi N°09-031/AN-RM du 27 juillet 2009 et le décret N°09-554/P-RM du 12 octobre 2009 fixe les détails de son organisation et ses modalités de fonctionnement. Elle est placée sous la tutelle du ministère de la Solidarité, et de l'Action Humanitaire.

122. L'Agence Nationale d'Assistance Médicale a pour mission la gestion du Régime d'Assistance Médicale (RAMED). A ce titre, elle est chargée de :

- l'encaissement des ressources de Régime d'Assistance Médicale ;
- la prise en charge des prestations couvertes par le Régime d'Assistance Médicale ;
- l'immatriculation des personnes éligibles au Régime et des bénéficiaires de droit ;
- la passation des conventions avec les formations de soins et le suivi de leur exécution ;
- le contrôle de la validité des prestations soumises à la prise en charge de l'Assistance Médicale.

Le Régime d'Assistance Médicale (RAMED) est une réforme du Gouvernement de la République du Mali,

[44] https://www.anam-mali.org/

instituée par la loi N°09-030 du 27 juillet 2009, qui assure la prise en charge médicale des personnes dépourvues de ressources, appelées indigents et d'autres catégories de personnes en situation d'assistance sociale, qui en sont les Admis de Droit.

Son organisme de gestion est l'ANAM.

Les ressources du RAMED proviennent :

- des subventions de l'Etat (85%) ;
- des contributions des collectivités territoriales (15%) ;
- des dons et legs ;
- des contributions des établissements financiers et des organismes personnalisés de l'Etat ;

Et de toutes autres ressources affectées à ce régime en vertu de législations et réglementations particulières.

Paragraphe 2 : Organisation et fonctionnement de l'ANAM

123. Les organes d'administrions et de gestion sont les suivants.

a. Le Conseil d'Administration : Dans la limite des lois et règlements en vigueur, il exerce les attributions suivantes :

• la détermination annuelle en termes qualitatifs des objectifs à atteindre par l'Agence Nationale d'Assistance Médicale ;

• l'adoption des règlements d'application de l'assistance médicale ;

• l'autorisation de la signature de toute convention avec les prestataires de soins de santé et de tout contrat dépassant dix millions de francs ;

• la détermination des structures de l'Agence ;

• la définition des programmes annuels d'activités et du budget annuel ;

• l'approbation des comptes de l'exercice financier précédent et du rapport d'activités du Directeur Général ;

• le consentement des hypothèques et autres garanties immobilières sur les biens de l'Agence ;

• l'autorisation des transactions immobilières.

b. La Direction Générale : L'Agence Nationale d'Assistance Médicale est dirigée par un Directeur Général nommé par décret pris en Conseil des Ministres sur proposition du ministre chargé de la Protection Sociale.

A ce titre, il est chargé de :

• exercer toutes les fonctions d'administration et de gestion non expressément réservées au Conseil d'Administration et à l'Autorité de Tutelle ;

• assurer la mise en œuvre des décisions du Conseil d'Administration ;

• élaborer et soumettre à la délibération du Conseil d'Administration les programmes d'activités et le budget de l'Agence dont il est l'ordonnateur ;

• signer les baux, conventions et contrats au nom de l'Agence ;

- soumettre au Conseil d'Administration, dans les trois (03) mois qui suivent la fin de l'exercice budgétaire, le rapport d'activités et les comptes financiers ;

- représenter l'Agence dans les actes de la vie civile.

Le Directeur Général est assisté et secondé d'un Directeur Général Adjoint qui le remplace de plein droit en cas de vacances, d'absence ou d'empêchement.

c. Le Comité de Gestion : Le personnel de l'Agence Nationale d'Assistance Médicale est représenté au sein du Comité de Gestion par deux (02) membres désignés à la majorité simple en assemblée générale des travailleurs de l'Agence.

Chapitre 3 :
La reconnaissance de la Qualité d'assuré

Section 1 : L'affiliation

Paragraphe 1 : Le cadre général

124. En application de l'article 163 du Code de Prévoyance Sociale du Mali, tout employeur est tenu de porter à la connaissance de l'INPS toute embauche ou tout licenciement de personnel, et ce dans les huit jours du début ou de la fin du travail d'un salarié.

En outre, l'article 164 du même Code précise que le service des prestations prévues au présent Code est soumis aux formalités préalables d'affiliation et d'immatriculation des salariés.

Paragraphe 2 : La portée de l'affiliation

125. L'affiliation est une notion plus large qui parfois désigne le rattachement obligatoire à un régime de sécurité sociale déterminé avec un sens voisin de celui de l'assujettissement, parfois le lien qui se noue entre l'assuré et la caisse dont il dépend[45].

Tout employeur, personne physique ou morale, de droit privé ou public qui emploie à quelque titre que ce soit un ou des salariés, est obligatoirement affilié à l'INPS.

Cette affiliation prend effet à compter de l'embauche du premier salarié.

Les dispositions relatives à l'affiliation sont d'ordre public.

---

[45] Michel Borgetto, Robert Lafore, *Droit de la Sécurité Sociale* ,20e éd, Dalloz, 2024, p.559

Section 2 : L'immatriculation

Paragraphe 1 : Le cadre général de l'immatriculation

126. L'immatriculation est l'opération administrative par laquelle une personne est inscrite sur la liste des assurés sociaux. Il revient à l'employeur qui embauche un travailleur non encore immatriculé de procéder à son immatriculation auprès de l'INPS.

L'immatriculation est subordonnée à la présentation d'une demande du travailleur, rédigée sur un imprimé délivré par l'Institut, et accompagnée des pièces justificatives aux fins de vérification de l'état civil de l'allocataire, de son conjoint et de ses enfants.

Paragraphe 2 : La portée de l'immatriculation

127. L'immatriculation de l'employeur tout comme du travailleur est obligatoire auprès de l'organisme de sécurité sociale.

Depuis l'entame de son activité, l'employeur doit faire une demande d'immatriculation auprès de l'INPS.

Un formulaire (imprimé) est prévu à cet effet qui permet à l'INPS de recueillir des informations sur l'employeur (raison sociale, nature de l'activité, effectif de l'entreprise, date d'embauche…). La demande d'immatriculation doit être accompagnée des bulletins d'embauche dûment remplis pour le compte de chaque travailleur.

Lorsque la demande d'immatriculation de l'employeur est acceptée, il lui est attribué un numéro matricule sous lequel ses cotisations seront payées. Il lui est notifié en même temps que ses cotisations.

S'agissant de l'immatriculation des travailleurs, c'est l'employeur qui doit le faire dès leur embauche auprès de l'INPS.

Cette immatriculation est subordonnée à la présentation d'une demande du travailleur rédigée sur un imprimé de bulletin d'embauche délivré par l'INPS et rempli par l'employeur.

Un numéro d'immatriculation de onze (11) chiffres est attribué au travailleur après acceptation de son bulletin.

Chapitre 4 :
Le financement de la Sécurité Sociale

128. Le financement de la prévoyance sociale au Mali est assuré par plusieurs sources (Article 221 CPS), comme détaillé dans le Livre 4 du Code de prévoyance sociale. Les principales sources de financement sont :

1. **Cotisations sur les salaires des travailleurs** : Les cotisations sont assises sur l'ensemble des rémunérations, salaires ou gains, y compris les avantages en nature et indemnités diverses, à l'exception de celles ayant un caractère de remboursement de frais. (Article 187 CPS)

2. **Ristournes sur le budget de l'État et subventions** : L'État contribue également au financement par le biais de ristournes et de subventions. (Article 178 CPS)

3. **Revenus des placements et investissements** : Les revenus générés par les placements et investissements effectués par l'Institut National de Prévoyance Sociale (INPS) sont utilisés pour financer les prestations. (Article 178 CPS)

4. **Contributions d'autres organismes ou institutions** : L'INPS peut recevoir des contributions d'autres organismes ou institutions pour la gestion desquels il est appelé à participer ou dont il prend la succession pour le service de prestations.

5. **Dons et legs** : Les dons et legs reçus par l'INPS sont également une source de financement.

Ces ressources permettent de couvrir les prestations légales prévues par le Code, les frais de gestion de l'INPS, le plan d'action sanitaire et sociale, ainsi que le fonds de réserve.

Pour la CMSS, l'article 5 de la Loi n°10-029 du 12 juillet 2010 portant création de la Caisse Malienne de Sécurité Sociale dispose que :

« *Les ressources de la Caisse Malienne de Sécurité Sociale sont constituées :*

- des cotisations assises sur les traitements des fonctionnaires de l'Etat et des Collectivités Territoriales, des militaires, et les indemnités des députés ;

- de l'abondement versé par l'Etat et ses démembrements ;

- des subventions de l'Etat ;

- des revenus des placements et investissements ;

- de la part attribuée à la Caisse Malienne de Sécurité Sociale sur le produit des amendes, confiscations, pénalités et frais de poursuites ;

- des revenus du patrimoine ;

- des produits d'aliénation des biens meubles et immeubles ;

- des ressources diverses ».

En ce qui concerne la CANAM, l'article 43 de la loi instituant l'AMO dispose que :

« *Les ressources du régime d'Assurance Maladie Obligatoire sont constituées par :*

- les cotisations, majorations, astreintes et pénalités de retard dues ;

- les produits financiers ;

- le revenu des placements ;

- *les subventions ;*

- *les dons et legs ;*

- *toutes autres ressources attribuées au régime d'assurance maladie obligatoire en vertu d'une législation ou d'une réglementation particulière* ».

Section 1 : Le taux des cotisations

129. Le taux des cotisations pour les différents régimes de prestations assurées par l'Institut National de Prévoyance Sociale (INPS) est fixé par décret pris en Conseil des Ministres sur proposition du Ministre chargé du Travail, après délibération du Conseil d'Administration de l'INPS. (Article 192 CPS)

Les cotisations sont assises sur l'ensemble des rémunérations, salaires ou gains, y compris les avantages en nature et indemnités diverses, à l'exception de celles ayant un caractère de remboursement de frais (Article 187 CPS). Le montant du salaire ou gain à prendre en considération pour base de calcul des cotisations ne peut être inférieur au montant du salaire minimum interprofessionnel garanti en vigueur dans la région où siège l'entreprise ou un de ses établissements (Article 189 CPS).

La couverture des charges du régime de retraite est assurée par une double cotisation patronale et ouvrière, où la part ouvrière représente 40 % du taux fixé pour ce régime (Article 197 CPS).

Le taux de la cotisation due au titre des accidents du travail varie selon les branches d'activité professionnelle et éventuellement suivant le degré de sécurité de l'entreprise (Article 196 CPS).

Le Taux des cotisations est fixé ainsi :

N°	Branches	Taux de cotisations
1	Les prestations familiales (part de l'employeur)	8%
2	L'assurance maladie obligatoire - Part de l'employeur - Part du salarié	 3,50 % 3,06 %
	- Part Etat et Collectivités Territoriales en qualité d'employeur - Part des pensionnés	4,48% 0,75%
	- Part des assurés volontaire	6,56%
3	Les accidents du travail et de maladies professionnelles (part de l'employeur)	1% à 4%
4	Assurance vieillesse : - Part de l'employeur - Part du salarié	 3,4% 3,6%
5	L'invalidité et le décès (Part de l'employeur)	2%

La taxe au titre de l'ANPE est 1% (employeur).

Le taux des cotisations dues au titre des accidents du travail varie selon les branches d'activités professionnelle et éventuellement suivant le degré de sécurité de l'entreprise.

Le total des cotisations de l'employeur varie entre 18,9% à21,9%, la part salariale étant fixée à 6,66%, soit au total des cotisations de 25,56% à 28,56% incluant la taxe ANPE de 1%.

Section 2 : L'assiette des cotisations

130. L'assiette des cotisations au Mali est définie par les éléments suivants :

1. **Rémunérations, salaires ou gains** : Les cotisations sont assises sur l'ensemble des rémunérations, salaires ou gains, y compris les avantages en nature et indemnités diverses (Article 187 CPS - l'article 44 de la loi N°09-015 du 26 juin 2009 portant institution du Régime d'Assurance Maladie Obligatoire et les articles 5 et 6 du Décret N°10-601/P-RM du 18 novembre 2010 fixant les conditions, délais et modalités de recouvrement des cotisations des assurés du régime de l'Assurance Maladie Obligatoire).

2. **Exclusions** : Les indemnités ayant un caractère de remboursement de frais ne sont pas incluses dans l'assiette des cotisations (Article 137 CPS).

3. **Période de rémunération** : Pour le calcul des cotisations afférentes à une période déterminée, tous les éléments de rémunération perçus pendant cette période doivent être pris en considération, qu'il s'agisse de payes normales ou d'éléments occasionnels, réguliers ou exceptionnels, sans qu'il soit tenu compte de la période de travail à laquelle ils se rapportent (Article 188 CPS).

4. **Salaire minimum** : Le montant du salaire ou gain à prendre en considération pour base de calcul des cotisations ne peut être inférieur au montant du salaire minimum interprofessionnel garanti en vigueur dans la région où siège l'entreprise ou un de ses établissements (Article 189 CPS).

5. **Salaires réels pour certaines catégories** : Les cotisations dues pour les salariés "Gens de Maison" et la main-d'œuvre occasionnelle sont calculées sur les salaires réels (Article 190 CPS).

En cas de non-déclaration des salaires ou si la comptabilité de l'employeur ne permet pas d'établir le montant des salaires, l'INPS est habilité à taxer d'office l'employeur sur les bases connues de l'Institut, soit les salaires déclarés antérieurement majorés de 10 %, soit les salaires forfaitaires appliqués à chaque salarié (Article 191 CPS).

TITRE II.
LE CONTENTIEUX DE LA SECURITE SOCIALE

Chapitre 1 :
La procédure amiable préalable

Section 1 : La commission de recours gracieux instituée par le CPS

131. La commission de recours gracieux statue sur la contestation des majorations de retard de paiement des cotisations sociales.

La lecture combinée des articles 208 et 209 du Code de Prévoyance Sociale du Mali indique que les cotisations qui ne sont pas acquittées aux échéances prévues sont passibles d'une majoration de 2 % par mois ou fraction de mois de retard.

Les majorations de retard peuvent être réduites en cas de bonne foi ou de force majeure, par décision de la Commission de Recours Gracieux. La décision de la Commission doit être motivée.

Par ailleurs, en matière de vieillesse en cas de contestation sur l'état d'inaptitude, celui-ci est apprécié par une Commission composée de :

- un médecin désigné par le Ministre chargé de la Santé, Président ;

- un représentant du Ministre chargé du Travail ;

- un médecin de l'Institut ;

- un représentant des employeurs et un représentant des travailleurs[46].

En cas de contestation sur les conditions requises pour avoir droit aux avantages du régime vieillesse, ou sur le montant des avantages attribués par l'Institut, la Commission de Recours Gracieux doit être saisie en première instance, avant que le litige soit porté devant le Tribunal du Travail[47].

Section 2 : La Commission de Recours Amiable de la CMSS

132. Toute contestation relative à la reconnaissance de l'accident du travail et des maladies professionnelles doit faire l'objet d'un recours préalable devant une Commission Recours Amiable (CRA) instituée par la CMSS.

Le recours doit comporter une description détaillée des faits ainsi que les arguments juridiques sur lesquels le demandeur fonde sa demande.

Le recours et les pièces doivent être transmis en trois exemplaires à la Commission de Recours Amiable.

La Commission de Recours Amiable dispose d'un délai de deux mois pour donner une réponse motivée à la saisine et l'absence de réponse équivaut à une reconnaissance tacite[48].

---

[46] Article 237 CPS

[47] Article 238 CPS

[48] Article 42 du Décret N°2017-1001/P-RM du 20 décembre 2017 fixant les modalités d'application de la loi instituant la branche de prévention et de réparation des accidents du travail et des maladies professionnelles applicable aux fonctionnaires de l'Etat et des Collectivités Territoriales, aux Militaires et aux Parlementaires

Les textes restent muets sur la composition de la CRA. En cas de non-satisfaction de sa demande, l'assuré peut saisir le tribunal administratif compétent.

Le CRA est garante de la bonne application de la règle de droit au sein de la CMSS. Elle veille à ce qu'aucune erreur manifeste d'interprétation n'ait été commise dans le cadre de l'instruction des dossiers donnant lieu à des propositions de délibération au niveau de la caisse.

L'erreur manifeste d'interprétation doit être considérée comme une mauvaise application des textes à une situation donnée, cette mauvaise application pouvant résulter :

- d'une décision prise en opportunité et ignorant la norme de droit applicable ;

- d'une décision juridiquement infondée ;

- d'une appréciation inexacte de la situation de fait et donc d'une qualification juridique erronée de cette situation ou de la réglementation s'y rattachant.

Face à un contentieux nouveau ou à un dossier atypique, la CRA peut alternativement selon les enjeux évalués par ses membres :

- Soit surseoir à statuer sur le dossier, dans l'attente de la production d'éléments par les services de la caisse ;

- Soit statuer sur le dossier.

Sans préjudice de la position qu'elle adopte, la CRA dispose sur ces dossiers d'une capacité d'alerte de la Caisse.

Chapitre 2 :
Le Tribunal du travail

133. Conformément aux dispositions combinées des articles 227 et 228 du Code de Prévoyance Sociale du Mali, les Tribunaux du Travail sont compétents pour juger de toute contestation s'élevant entre les bénéficiaires des dispositions du présent Code, les Employeurs et l'Institut. Le Tribunal du Travail compétent est ainsi saisi par simple requête adressée au Secrétaire du Tribunal et à la partie adverse. Le Tribunal en avise la partie adverse qui a un délai de 15 jours pour répondre par écrit.

Les règles de procédure applicables sont celles prévues par les articles L190 et suivants du Code du Travail.

Les Tribunaux du Travail restent compétents alors même qu'une collectivité ou un établissement public est en cause et peuvent statuer sans qu'il ait lieu pour les parties d'observer, dans le cas où il en existerait, les formalités préalables qui sont prescrites avant qu'un procès-verbal puisse être adressé à ces personnes morales.

Section1 : La compétence

134. Les différents individuels qui peuvent s'élever à l'occasion de tout contrat de travail entre les employeurs ou leurs représentants et les salariés relèvent de la compétence du Tribunal de travail.

Le Tribunal du travail est compétent pour statuer sur l'existence d'un contrat de travail que sur la détermination de la qualité d'employeur. Il doit y avoir un contrat de travail au sens de l'article L.13 du code du travail du Mali.

De même, le Tribunal du travail a qualité pour se prononcer sur tous les différends individuels relatifs aux conventions collectives ou aux décrets en tenant lieu et au contrat d'apprentissage ainsi qu'aux litiges relatifs à l'application des dispositions du code de prévoyance sociale (Article L.192 du code du travail du Mali).

Le Tribunal de travail compétent est celui du lieu d'exécution du contrat de travail en règle générale. Cependant, pour les litiges nés de la résiliation du contrat, le travailleur dont la résidence au moment de la signature du contrat est dans un lieu autre que celui du lieu d'emploi, aura le choix entre le tribunal de cette résidence et celui du lieu d'emploi. Les travailleurs dont la résidence est hors du Mali auront le choix entre le tribunal du lieu d'exécution du contrat et celui de Bamako (Article L.193 du Code du travail du Mali).

Section 2 : La composition

135. Selon les dispositions de l'article L.194 du Code du travail du Mali, les tribunaux du travail sont créés par décret sur proposition du ministre de la Justice, après avis du Ministre du travail. Ce décret portant la création du Tribunal du travail fixe également son siège et sa compétence territoriale.

Ainsi, l'article 7 du Décret N°2011-580/P-RM du 13 septembre 2011 fixant le ressort des juridictions et déterminant le Parquet Général d'attache des Tribunaux de Grande Instance et des parquets des Tribunaux d'Instance a institué douze (12) tribunaux de travail au Mali avec des compétences territoriales définies.

Il s'agit des tribunaux de travail de Kayes, Kita, Kati, Koulikoro, Koutiala, Sikasso, Ségou, Mopti, Tombouctou, Gao, Kidal et Bamako.

136. Le Tribunal du travail est composé d'un magistrat, président, d'un assesseur employeur et d'un assesseur travailleur, d'un greffier.

Ce principe dit de « *l'échevinage* » est un système d'organisation judiciaire dans lequel les affaires sont entendues et jugées par des juridictions composées à la fois, de magistrats professionnels, et de personnes n'appartenant pas à la magistrature professionnelle. Les assesseurs sont généralement élus par des organisations professionnelles ou syndicales.

Le tribunal du travail est divisé en section professionnelles.

L'article A.196 de l'Arrêté n° 1566/MEFPT-SG du 7 octobre 1996 portant modalités d'application de certaines dispositions du Code du travail dispose :

« Le tribunal du travail est subdivisé en sections professionnelles correspondant aux branches d'activité ci-après :

- *Commerce ;*
- *Industries ;*
- *Transport ;*
- *Banques et Assurances ;*
- *Professions libérales ;*
- *Services publics ;*
- *Services domestiques* ».

Aux termes de l'article L.196 du Code du travail du Mali, plusieurs sections du tribunal du travail peuvent être réunies et il peut être créé une seule section interprofessionnelle lorsque la situation du marché du travail le nécessite.

En cas de vacances d'assesseurs dans une section professionnelle déterminée, le président du tribunal peut pendant une période ne dépassant pas trente (30) jours faire appel aux assesseurs d'une autre section.

137. Les assesseurs sont désignés par les organisations syndicales les plus représentatives et nommés par arrêté conjoint des Ministre chargés du travail et de la justice selon les dispositions de l'article L.199 du Code du travail du Mali.

Même si l'article précité n'évoque pas la nomination des assesseurs employeurs, parallélisme des formes oblige, ceux-ci doivent être désignés également par les organisations d'employeurs les plus représentatives et nommés dans les mêmes conditions comme les assesseurs salariés.

En cas d'absence ou de carence des organisations syndicales, les assesseurs sont nommés par arrêté conjoint des Ministres chargés du travail et de la justice.

Le nombre des assesseurs est triple des postes à pourvoir. Les assesseurs siègent dans l'ordre de préférence indiqué par l'arrêté de nomination. Les assesseurs, dont le mandat est venu à expiration continuent à siéger jusqu'à la date d'effet du nouvel arrêté de nomination.

Les assesseurs doivent justifier de la possession de leurs droits civiques et n'avoir subi aucune des condamnations prévues par les lois électorales en vigueur.

Sont déchus de leur mandat les assesseurs qui ne remplissent pas ces conditions.

Pour compenser les frais de sujétion qu'entraine l'exercice de leurs fonctions, il est alloué aux assesseurs siégeant au tribunal du travail une indemnité par vacation de deux mille (2.000) F. C.F.A. (Article A.201 de l'Arrêté no 1566/MEFPT-SG du 7 octobre 1996 portant modalités d'application de certaines dispositions du Code du travail du Mali).

Section 3 : La procédure

138. Le Tribunal du travail est saisi par requête ou déclaration verbale par le demandeur (Article 2 du Code de Procédure Civile Commerciale et Sociale du Mali).

La procédure devant le Tribunal du travail est gratuite.

Dans les deux jours à dater de la réception de la demande, dimanches et jours fériés non compris, le président cite les parties à comparaître dans un délai qui ne peut excéder douze jours, majorés, s'il y a lieu, des délais de distance qui seront fixés par décret.

Le demandeur est informé par citation qui doit contenir le nom et profession ou raison sociale du demandeur, l'indication de l'objet de la demande, l'heure et le jour de la comparution.

La citation est faite à personne ou à domicile par un huissier ou un huissier ad hoc. Elle peut valablement être faite par lettre recommandée avec accusé de réception (Article L.203 du Code du travail du Mali).

Le défendeur est également convoqué par citation.

Ainsi, les parties sont tenues de se rendre au jour et à l'heure fixés devant le tribunal. Elles peuvent se faire assister ou représenter soit par un travailleur ou un employeur appartenant à la même branche d'activité, soit par un avocat régulièrement inscrit au barreau, soit encore par un représentant des organisations syndicales auxquelles elles sont affiliées. Les employeurs peuvent, en outre, être représentés par un directeur ou un employé de l'entreprise ou de l'établissement.

Sauf en ce qui concerne les avocats, le mandataire des parties doit être constitué par écrit (Article L.204 du Code du travail du Mali).

139. Au jour de la convocation, si le demandeur ne comparait pas et ne justifie pas d'un cas de force majeure, la cause est rayée du rôle ; elle ne peut être reprise qu'une seule fois, et selon les formes imparties pour la demande primitive, à peine de déchéance.

De même, si le défendeur ne comparait pas et ne justifie pas d'un cas de force majeure, ou s'il n'a pas présenté ses moyens sous forme de mémoire, défaut est donné contre lui et le tribunal statue sur le mérite de la demande.

Si le défendeur, après avoir comparu, ne comparaît plus par la suite, la décision rendue à son encontre est réputée contradictoire mais doit lui être signifiée, par le greffier du tribunal ou par un agent administratif commis spécialement à cet effet, pour faire courir le délai d'appel (Article L.205 du Code du travail).

140. Les assesseurs du Tribunal de travail peuvent être récusés selon les conditions prévues par l'article L.207 du Code u travail du Mali :

1 - Quand ils ont un intérêt personnel à la contestation :

2 - Quand ils sont parents ou alliés de l'une des parties jusqu'au sixième degré ;

3 - Si, dans l'année qui a précédé la récusation, il y a eu procès pénal ou civil entre eux et l'une des parties ou son conjoint ou allié en ligne directe ;

4 - S'ils ont donné un avis écrit sur la contestation ;

5 - S'ils sont employeurs, ou travailleurs de l'une des parties en cause.

141. Les audiences du Tribunal du travail sont publiques sauf au stade de la conciliation.

La conciliation constitue un préliminaire obligatoire au sens de l'article L.208 du Code du travail du Mali mais qui ne précise toutefois pas la sanction de l'absence.

Il est procédé à une tentative de conciliation, lorsque les parties comparaissent devant le tribunal du travail.

Un procès-verbal est rédigé lors de l'audience de conciliation en cas d'accord des parties et mention est portée sur le registre des délibérations du tribunal pour constater le règlement à l'amiable du litige.

Un extrait du procès-verbal de conciliation signé du président et du greffier vaut titre exécutoire.

En cas de conciliation partielle, un extrait du procès-verbal signé du président et du greffier vaut titre exécutoire pour les parties sur lesquelles un accord est intervenu et procès-verbal de non-conciliation pour le surplus de la demande.

En cas de non-conciliation où pour la partie contestée de la demande, le tribunal doit retenir l'affaire, il procède immédiatement à son examen ; aucun renvoi ne peut être prononcé, sauf accord des parties, mais le tribunal peut toujours par jugement motivé, prescrire toutes enquêtes, descentes sur les lieux et toutes mesures d'information quelconque (Article L.208 du Code du travail du Mali).

En pratique, en l'absence de conciliation le tribunal renvoie l'affaire à son audience de jugement la plus proche.

Section 4 : Le jugement

142. Les articles L.209 à L.215 du Code du travail du Mali sont consacrés au jugement du Tribunal du travail.

Les parties sont convoquées à l'audience publique par le greffe. Elles peuvent se faire assister ou représenter.

A la clôture des débats, le tribunal délibère immédiatement en secret. Sauf mise en délibéré, lequel ne peut excéder la date de la prochaine audience de la même section, le jugement qui doit être motivé est rédigé sur l'heure et l'audience reprise pour sa lecture.

Les minutes du jugement sont signées par le président et le greffier. La minute du jugement est transcrite sur le registre des délibérations. La copie peut être remise aux parties sur leur demande.

Une copie de chaque jugement est adressée par le greffier à la direction du travail et à l'inspection du travail territorialement compétente.

143. Le jugement peut ordonner l'exécution provisoire jusqu'à concurrence d'un taux de 50% des sommes portant sur les réclamations des salaires et accessoires, indemnités diverses, droits et avantages à l'exclusion des dommages-intérêts nonobstant appel et par provision avec dispense de caution.

Par ailleurs, en cas de jugement par défaut, signification du jugement est faite dans les formes fixées par l'article L. 203, sans frais, à la partie défaillante, par le greffier du tribunal ou par un agent administratif commis spécialement à cet effet par le président.

Si dans un délai de dix jours, après signification plus les délais de distance (Articles D.203-1 à D.203-4 Décret no 96-178/P-RM, du 13 juin 1996 portant application de diverses dispositions de la Loi no 92-20 du 23 Septembre 1992 portant Code du Travail), le défaillant ne fait pas opposition dans les formes prescrites à l'article L. 191, paragraphe 2, le jugement est exécutoire. Sur opposition, le président convoque à nouveau les parties, comme il est dit à l'article L.203. Le nouveau jugement, nonobstant tout défaut ou appel, est exécutoire.

144. Les jugements du tribunal sont définitifs et sans appel, sauf du chef de la compétence, lorsque le chiffre de la demande n'excède pas 12 fois le montant du salaire minimum interprofessionnel garanti.

Au-dessus de ce montant, les jugements sont susceptibles d'appel devant la chambre sociale de la Cour d'appel.

Le Tribunal du travail connaît également de toutes demandes reconventionnelles, ou en compensation qui, par leur nature, entrent dans sa compétence.

Section 5 : Les voies de recours

Paragraphe 1 : Opposition

145. Cette voie de recours est ouverte au défendeur qui n'a pas comparu et demande la révision du jugement rendu par défaut, c'est-à-dire rendu en dernier ressort et si la citation à comparaitre n'a pas été délivrée à personne.

Les conditions de l'opposition sont fixées par l'article 580 à 584 du Code Procédure civile Commerciale et Sociale du Mali.

Aux termes de l'article 584 du Code de Procédure Civile Commerciale et Sociale, l'opposition ne sera plus recevable après huitaine du jour de la signification.

Toutefois, si la signification n'a pas été faite à personne, la partie condamnée pourra former opposition jusqu'à exécution du jugement.

Paragraphe 2 : Appel

146. L'appel est possible à l'encontre des jugements rendus en premier ressort par le Tribunal du travail.

L'appel doit être porté devant la chambre sociale de la Cour d'Appel. Le délai d'appel est de quinze (15) jours à compter du prononcé du jugement (Article L.216 du Code du travail du Mali).

Toutefois, l'article 554 du Code de Procédure Civile Commerciale et Sociale indique le délai de recours par voie ordinaire est d'un mois en matière contentieuse.

A notre avis, un appel relavé dans les conditions de l'article 554 du Code de Procédure Civile Commerciale et Sociale ne peut être déclaré irrecevable par la Cour d'Appel car le contrat de travail est soumis au droit commun.

Paragraphe 3 : Recours en cassation

147. Les jugements du Tribunal du travail et les ordonnances de la formation de référé rendus en dernier ressort ainsi que les arrêts rendus par la Cour d'Appel après jugement du Tribunal du travail en premier ressort peuvent faire l'objet de recours en cassation devant la Cour Suprême.

Le délai de pourvoi en cassation est de deux (2) mois à compter de la signification du jugement ou de l'arrêt à personne ou à domicile ou, s'agissant d'une décision rendue par défaut, à compter du jour où l'opposition n'est plus recevable (Article 629 du Code de Procédure Civile Commerciale et Sociale du Mali).

Section 6 : Le référé devant le Tribunal du travail

148. Chaque Tribunal du travail comporte une formation de référé commune à toutes les éventuelles sections. (Article L.197 du Code du travail du Mali).

La formation de référé est composée du président du Tribunal du travail et d'un greffier.

Elle est saisie par simple requête adressée au président du Tribunal de travail.

La formation de référé peut, dans tous les cas d'urgence et dans la limite de la compétence du Tribunal de travail, ordonner toutes les mesures qui ne se heurtent pas à une contestation sérieuse ou que justifie l'existence d'un différend.

Elle peut toujours prescrire, même en présence d'une contestation sérieuse, les mesures conservatoires ou de remise en état qui s'imposent pour prévenir un dommage imminent ou faire cesser un trouble manifestement illicite.

Si l'existence de l'obligation n'est pas sérieusement contestable, elle peut accorder une provision au créancier ou ordonner l'exécution de l'obligation, même s'il s'agit d'une obligation de faire.

Chapitre 3 :
Le contentieux administratif de la sécurité sociale

Section 1 : La compétence exclusive du Tribunal Administratif pour les assurés de la CMSS

149. La loi N°2018-031 du 12 juin 2018 portant organisation et fonctionnement des tribunaux administratifs dispose dans son article 7 que : « *Sous réserve des compétences attribuées aux autres juridictions administratives, les Tribunaux administratifs sont, en premier ressort, juges de droit commun du contentieux administratif.*

Le Tribunal Administratif connait, ainsi, notamment :

(...) - ***des litiges relatifs à la sécurité sociale, à l'aide sociale ou à la protection sociale des fonctionnaires et agents de l'Etat et des collectivités territoriales relevant de la caisse malienne de sécurité sociale et bénéficiant de leurs prestations à partir des centres régionaux de sécurité sociale ; (...)*** ».

Il en résulte tout le contentieux impliquant les assurés de la CMSS relève de la compétence du Tribunal administratif.

En d'autres termes, les procédures ordinaires ou d'urgence, le jugement, les voies de recours prévus par loi N°2018-031 du 12 juin 2018 portant organisation et fonctionnement des tribunaux administratifs s'appliquent aux contentieux relevant de la CMSS.

Par ailleurs, le tribunal administratif peut être saisi d'un recours pour excès de pouvoir car l'article 9 de la loi N°98-012 du 19 janvier 1998 régissant les relations entre l'administration et les usagers du service public au Mali impose à l'autorité administrative de motiver sa décision.

En général, les cas d'ouverture pour excès de pouvoir sont limités. Seuls l'incompétence de l'auteur de l'acte, le vice de forme ou de procédure, la violation de la règle de droit, l'erreur de fait ou le détournement de pouvoir ou de procédure peuvent être invoqués.

Ainsi, le juge administratif exerce un contrôle normal sur la décision administrative.

Aussi, le tribunal administratif peut ordonner un sursis à exécution. Mais la décision administrative doit être exécutoire et non implicite. Les moyens soulevés doivent être sérieux et l'exécution de la décision doit être susceptible de causer un préjudice difficilement réparable.

Le sursis à exécution ne peut être ordonné si la décision administrative a été exécutée[49].

Section 2 : Les voies de recours

Paragraphe 1 : L'appel

150. La décision du tribunal administratif peut faire l'objet d'une tierce opposition[50].

Elle peut être également frappée d'un appel devant la Cour d'appel administrative conformément au Décret n°2011-580/P-RM du 13 septembre 2011 fixant le ressort des juridictions et déterminant le parquet général d'attache des parquets des tribunaux de grande instance et des parquets d'instance (Article 3 du décret).

L'appel contre les décisions des tribunaux administratifs est porté devant la Cour d'appel administrative.

---

[49] CE 16 déc.1977 *Rec.*, p.508
[50] CE 22 janv.1996, req. N°141-570

Le recours doit être formé dans un délai de deux mois à compter de la signification de la décision.

Paragraphe 2 : le pourvoi en cassation

151. En application de l'article 26 de la Loi N°2011-047 du 28 juillet 2011 fixant la compétence, l'organisation et le fonctionnement des Cours Administratives d'Appel, le recours en cassation dirigé contre les décisions rendues en dernier ressort par les Cours et Tribunaux statuant en matière de contentieux administratif est porté devant la Section Administrative de la Cour Suprême.

Le délai pour se pourvoir en cassation est de deux (02) mois à compter de la date de la signification de l'arrêt à personne ou à domicile.

Tout jugement ou arrêt doit, pour faire courir les délais de cassation, être signifié à l'une ou l'autre partie.

A l'égard des arrêts et jugements rendus par défaut, le délai ne court qu'à compter du jour ou l'opposition ne sera plus recevable.

Ni le délai de recours, ni le pourvoi ne sont suspensifs sauf en matière électorale. Toutefois, des lois spéciales peuvent disposer qu'ils sont suspensifs dans les matières qu'elles indiquent.

Paragraphe 3 : Le recours en révision devant la Cour Suprême

152. La décision de la Section Administrative de la Cour Suprême peut encore faire l'objet d'un recours en révision devant la Cour Suprême.

Selon les dispositions de l'article 254 de la loi N°2016-046 du 23 septembre 2016 portant loi organique fixant l'organisation, les règles de fonctionnement de la Cour Suprême et la procédure suivie devant elle, le recours en révision est permis.

En effet, le recours en révision est dirigé contre les arrêts contradictoires de la Section Administrative dans les quatre (4) cas suivants :

- si la décision a été rendue sur pièces fausses ;

- si la partie a été condamnée faute de présenter une pièce décisive retenue par l'adversaire ;

- s'il y a eu non-application de la loi, fausse application ou fausse interprétation de la loi ;

- si la décision rendue est entachée d'une erreur de procédure non imputable à la partie et qui a affecté la solution donnée à l'affaire.

Le recours en révision est suspensif. Il doit être introduit dans les mêmes formes que celles de la requête initiale, dans le délai d'un mois à compter du jour du prononcé de la décision dont la révision est demandée. La Section Administrative doit statuer dans le délai de deux (2) mois.

Un second recours en révision contre la même décision n'est pas recevable.

Le recours en révision n'est pas recevable contre les décisions rendues en matière de procédure d'urgence et en matière électorale.

Section 4 : Le contentieux pénal de la sécurité sociale

153. Le tribunal de police connait les contraventions commises en droit de la sécurité sociale.

Quant au tribunal correctionnel, il connait les délits commis en matière de sécurité sociale. Le ministère public dispose de l'opportunité des poursuites. Mais la victime d'une infraction peut se constituer en partie civile.

Le criminel tient le civil en l'état. Cela signifie que la juridiction civile ne peut méconnaitre ce qui a été jugé par le juge pénal.

La victime d'une infraction peut déposer une action en dommages-intérêts devant le juge pénal ou le juge civil. Son choix ne peut, en principe, être modifié.

Les juridictions répressives sont compétentes pour connaitre les fraudes ou fausses déclarations destinées à obtenir des prestations indues ainsi que les délits liés à l'exercice des professions médicales : entrave au libre choix des praticiens par les assurés, faux certificats médicaux qui dénaturent sciemment les conséquences d'une maladie ou d'un accident du travail, collusion du praticien avec l'assuré.

TITRE III :
LES TENTATIVES D'EXTENSION DE LA SECURITE SOCIALE

154. Selon le BIT, 50% de la population mondiale ne bénéficie d'aucune forme de sécurité sociale et seulement 20% dispose d'une couverture adéquate.

Cette marginalisation affecte massivement et principalement les travailleurs de l'économie informelle des pays en développement où 80% de la population active est exclue de la sécurité sociale.

Au Mali, la croissance soutenue de l'économie informelle éloigne la perspective d'une incorporation d'un nombre significatif de ces travailleurs dans les régimes formels de sécurité sociale[51].

La Recommandation 202 concernant les socles nationaux de protection sociale de l'OIT de juin 2012 fournit aux Membres des orientations afin de garantir que tous les membres de la société bénéficient au moins d'un niveau minimum de sécurité sociale tout au long de la vie. Elle fournit aux Membres des orientations pour :

a. établir ou maintenir des socles de protection sociale en tant qu'élément fondamental de leurs systèmes nationaux de sécurité sociale ;

---

[51] Daouda BA, « *L'universalisation de la sécurité sociale et l'encadrement du secteur informel au Mali: libres propos* », Malilex 2006 - AFERP (Association française d'étude des Relations Professionnelles) et AFOIT (Association française pour l'organisation internationale du travail), colloque du 17 janvier 2006 sur « L'EXTENSION DE LA SECURITE SOCIALE DANS LE SECTEUR INFORMEL DES PAYS EN VOIE DE DEVELOPPEMENT », note de présentation.

b. mettre en œuvre les socles de protection sociale dans le cadre de stratégies d'extension de la sécurité sociale qui assurent progressivement des niveaux plus élevés de sécurité sociale au plus grand nombre de personnes possible, selon les orientations données par les normes de l'OIT relatives à la sécurité sociale.

La politique d'extension de la sécurité sociale du Gouvernement du Mali s'inscrit dans ce cadre pour éviter la marginalisation, qui affecte massivement et principalement les travailleurs de l'économie informelle et que ces derniers bénéficient d'un minimum de couverture contre les risques sociaux.

Chapitre 1 :
L'assurance volontaire

155. La Loi n°99-047 du 28 décembre 1999 instituant l'assurance volontaire à certains régimes de prévoyance sociale de l'INPS et son Décret n°04-567/P-RM du 8 décembre 2004 fixant les modalités d'application de la loi du 28 décembre 1999, traitent l'assurance volontaire au Mali.

L'assurance volontaire s'adresse aux personnes non protégées à titre obligatoire contre certains risques sociaux.

Au Mali, il est institué une assurance volontaire aux régimes de prévoyance sociale suivants :

- prestations familiales ;
- protection contre la maladie ;
- assurance vieillesse, invalidité et décès.

Section 1 : Les Conditions d'affiliation à l'assurance volontaire

156. L'assurance volontaire de l'INPS est accordée aux membres :

- Non-salariés des professions libérales,
- artisanales,
- Commerciales et industrielles
- Travailleurs indépendants

La procédure pour l'immatriculation se fait auprès de l'INPS avec les pièces suivantes :

- la demande à adresser au Directeur de l'INPS
- un extrait d'acte de naissance du demandeur,

- une attestation de l'activité exercée délivrée par l'autorité administrative,

- une déclaration de revenu annuel,

- et, éventuellement, un (des) extraits d'acte de mariage ; un extrait d'acte de naissance du (des) conjoint (s); des extraits d'acte de naissance des enfants

Des obligations incombent autant à l'INPS qu'à l'assuré volontaire. L'INPS doit faire une notification au demandeur dans un délai d'un mois à compter de la réception de la demande d'affiliation. L'INPS fait l'immatriculation et transmet à l'assuré volontaire son numéro d'assuré.

La date d'effet de l'affiliation commence à compter du premier jour du trimestre civil en cours. L'assuré volontaire doit adresser à l'INPS dans un délai de trois mois les extraits de l'état civil constatant les mariages, divorces, naissances ou décès intervenus après son immatriculation.

Section 2 : Les cotisations et l'organisation financière de l'assurance volontaire

157. L'assiette des cotisations est fixée forfaitairement selon les classes de revenus suivantes :

Classes	Revenus Trimestriels	Assiettes
Classe 1	Moins de 150 000 F	125 000 F
Classe 2	150 000 F CFA à 450 000 F	400 000 F
Classe 3	450 000 F à 750 000 F	675 000 F
Classe 4	750 000 F à 1000 000 F	900 000 F
Classe 5	Plus de 1 500 000 F	1 000 000 F

Les taux des cotisations sont fixés comme suit :

- 8% pour les prestations familiales ;

- 2% pour la protection contre la maladie

- 9% pour l'assurance vieillesse, invalidité et décès

Le versement des cotisations est effectué par l'assuré volontaire lui-même, trimestriellement au plus tard le quinzième jour du mois civil suivant chaque trimestre. Les cotisations ne peuvent donner lieu à remboursement.

Par ailleurs, l'article 7 du Décret n°10-578/P-RM du 26 octobre 2010 fixant le taux de cotisations du régime de l'assurance maladie obligatoire (AMO) dispose que : « *Le taux de cotisations dû au titre du régime de l'AMO à la charge des assurés volontaires est fixé à 6,56%* ».

Le taux global maximal de l'assurance volontaire de 27,56 supporté par l'assuré volontaire est élevé et constitue un frein à une adhésion des travailleurs concernés.

Section 3 : Les prestations servies dans le cadre de l'assurance volontaire

158. Le régime des prestations familiales comprend :

Les prestations en nature de l'action sanitaire et sociale ;

- L'aide à la mère et aux nourrissons sous forme d'allocations prénatales et d'allocations de maternités ;

- Les allocations familiales.

Le régime de protection contre la maladie comprend :

- La politique de prévention tendant à éviter toute altération de la santé des assurés volontaires du fait de leur activité professionnelle en tenant compte des conditions d'hygiène et de l'état de santé des assurés ;

- La Dispense des soins aux assurés volontaires, et le cas échéant, à leur famille.

Le régime d'assurance vieillesse, invalidité et décès ouvert aux assurés volontaires comprend:

- la pension de retraite normale ;
- la pension de retraite anticipée ;
- l'allocation viagère de solidarité ;
- les pensions de survivants ;
- l'allocation de survivant.

Pour bénéficier des prestations familiales, l'assuré volontaire doit être affilié depuis deux trimestres au moins.

Les assurés volontaires bénéficient également des allocations familiales.

Section 4 : Sanction et contentieux de l'assurance volontaire

159. Le service des prestations prévues au titre des régimes de prestations familiales et de protection contre la maladie est suspendu lorsque les cotisations n'ont pas été acquittées à deux échéances consécutives.

La reprise du service des prestations est subordonnée au versement intégral des arriérés de cotisations. Tous les contentieux de l'assurance volontaire relève de la compétence des tribunaux de travail.

Chapitre 2 :
Le régime d'assurance maladie universelle (RAMU)

160. La loi n° 2018-074 du 31 décembre 2018 institue le Régime d'Assurance Maladie Universelle (RAMU) au Mali, visant à assurer une couverture des frais de soins de santé liés à la maladie et à la maternité pour tous les citoyens.

Cette loi s'inscrit dans la volonté du Mali d'atteindre la Couverture Santé Universelle (CSU), conformément aux Objectifs de Développement Durable (ODD). Avant cette loi, le système de santé malien était marqué par des inégalités d'accès, une forte proportion de dépenses de santé à charge des ménages, et une fragmentation des programmes de santé. Cette loi vise à :

- Garantir l'accès équitable aux soins de santé pour tous les citoyens.

- Réduire les dépenses catastrophiques liées à la santé.

- Unifier les mécanismes de financement pour améliorer l'efficacité.

Section 1 : Champ d'application et bénéficiaire

161. Le RAMU a pour objectif de faciliter l'accès aux soins de santé pour l'ensemble de la population malienne, en couvrant les frais liés à la maladie et à la maternité des assurés ainsi que des membres de leurs familles à charge. Il repose sur des principes de solidarité, de contribution, de mutualisation des ressources et des risques, ainsi que sur le mécanisme du tiers payant.

Le régime s'applique à toute personne physique résidant au Mali, incluant les travailleurs salariés, les travailleurs indépendants, les professions libérales, les étudiants, les retraités, les indigents et leurs ayants droit. Les membres de la famille à charge, tels que le conjoint, les enfants et les ascendants directs économiquement dépendants de l'assuré, sont également couverts.

Le RAMU offre une prise en charge directe des frais de soins curatifs, préventifs et de réhabilitation médicalement requise par l'état de santé ou la maternité des bénéficiaires. La liste des prestations garanties est fixée par arrêté conjoint du ministre chargé de la Protection sociale, du ministre chargé de la Santé et du ministre chargé des Finances.

Section 2 : Financement et gestion

162. Le financement du RAMU est assuré par des cotisations obligatoires des assujettis, des contributions de l'État et des collectivités territoriales, ainsi que par d'autres sources de financement prévues par la loi. Les taux de cotisation et les modalités de recouvrement sont déterminés par décret pris en Conseil des ministres.

La gestion du RAMU est confiée à la Caisse Nationale d'Assurance Maladie (CANAM), qui est responsable de l'affiliation des assurés, de la collecte des cotisations et du paiement des prestations. Des organismes gestionnaires délégués peuvent être habilités à assurer certaines fonctions techniques du régime.

Section 3 : Mise en œuvre et défis

163. Malgré l'adoption de la loi en 2018, l'opérationnalisation effective du RAMU a rencontré des défis, notamment en ce qui concerne la mobilisation des ressources nécessaires, l'adhésion de la population et la coordination entre les différents acteurs du système de santé. Des efforts sont en cours pour surmonter ces obstacles et assurer une mise en œuvre efficace du régime.

En conclusion, la loi n° 2018-074 établit un cadre légal pour l'assurance maladie universelle au Mali, visant à garantir un accès équitable aux soins de santé pour tous les citoyens. Cependant, des efforts continus sont nécessaires pour assurer une mise en œuvre effective et efficace et surmonter les défis structurels (financement, gouvernance) et contextuels (insécurité, informalité).

INDEX ALPHABETIQUE

R

S

T

V

TABLE DES MATIERES

Structures éditoriales du groupe L'Harmattan

L'Harmattan Italie
Via degli Artisti, 15
10124 Torino
harmattan.italia@gmail.com

L'Harmattan Hongrie
Kossuth l. u. 14-16.
1053 Budapest
harmattan@harmattan.hu

L'Harmattan Sénégal
10 VDN SICAP AMITIE 3
BP 45034 Dakar-Fann
direction@senharmattan.com

L'Harmattan Cameroun
Tsinga/Derrière polyclinique FECAFOOT
BP 11486 Yaoundé
Jacques.koukam@harmattan.fr

L'Harmattan Burkina Faso
Villa 281, secteur 23 623, rue 14.32
Ouagadougou
zagbie@outlook.fr

L'Harmattan Guinée
Almamya, rue KA 028 OKB Agency
BP 3470 Conakry
harmattanguinee@yahoo.fr

L'Harmattan RDC
185, avenue Nyangwe
Commune de Lingwala – Kinshasa
matangilamusadila@yahoo.fr

L'Harmattan Congo
219, avenue Nelson Mandela
BP 2874 Brazzaville
deunovmikhael@gmail.com

L'Harmattan Mali
Immeuble Mgr Jean Marie Cissé
Aci Hamadallaye
BP 145 Bamako
syllaka@yahoo.fr

L'Harmattan Togo
Djidjole – Maison Amela
face EPP BATOME
02 BP 20680 Lomé
didieramela11@gmail.com

L'Harmattan Côte d'Ivoire
Résidence Karl – Cité des Arts
Abidjan-Cocody
03 BP 1588 Abidjan
harmattan.ivoire@gmail.com

L'Harmattan Bénin
Rue 604, (Immeuble à l'entrée
de la rue UCAO- Cite de Saint-Jean)
Cotonou
stepcorpus@gmail.com

Nos librairies en France

Librairie internationale
16, rue des Écoles
75005 Paris
librairie.internationale@harmattan.fr
01 40 46 79 11
www.librairieharmattan.com

Librairie des savoirs
21, rue des Écoles
75005 Paris
librairie.sh@harmattan.fr
01 46 34 13 71
www.librairieharmattansh.com

www.ingramcontent.com/pod-product-compliance
Lightning Source LLC
LaVergne TN
LVHW021221061026
849535LV00008B/2845